AF345696

VIVE UNA VIDA LLENA DE ÉXITOS

AARÓN CASTRO

Título: Vive una vida llena de éxitos
© 2020 Aarón Elias Castro Pulgar

Autoedición y Diseño: 2020 Aarón Elias Castro Pulgar.
Primera edición: enero de 2020
ISBN: 978-84-18213-03-8
Depósito legal:TF 92-2020

Conviértete En Una Persona De Éxito

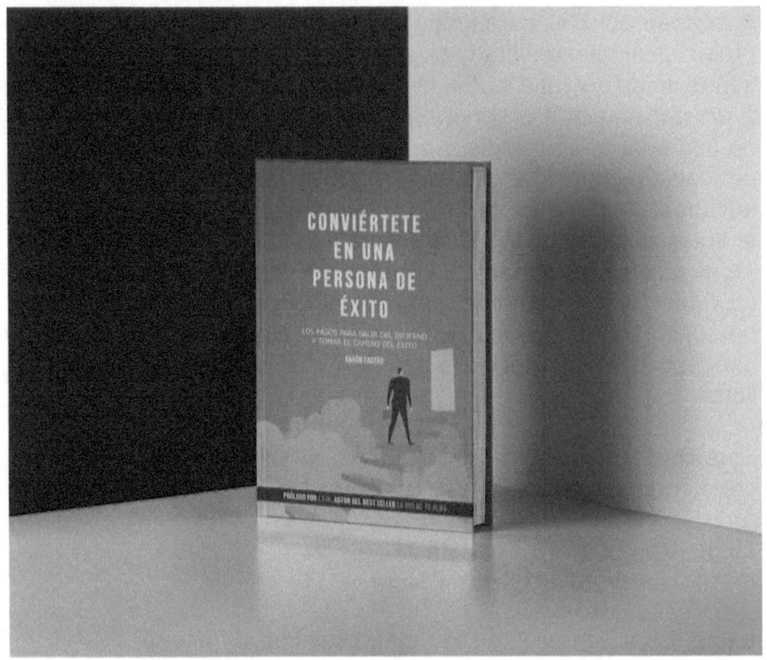

¿Has sufrido mucho hasta ahora? ¿Has estado buscando las respuestas de tus problemas y no has podido encontrarlas? ¿Tienes el deseo de vivir una vida maravillosa?

Este libro es el indicado para todas aquellas personas que están viviendo el infierno de su vida. Para esas personas que se han que dado estancadas, que no saben que hacer, que parece que su vida es un calvario y que desean salir del infierno para vivir la mayor transformación personal de sus vidas.

Vive Una Vida Llena De Éxitos

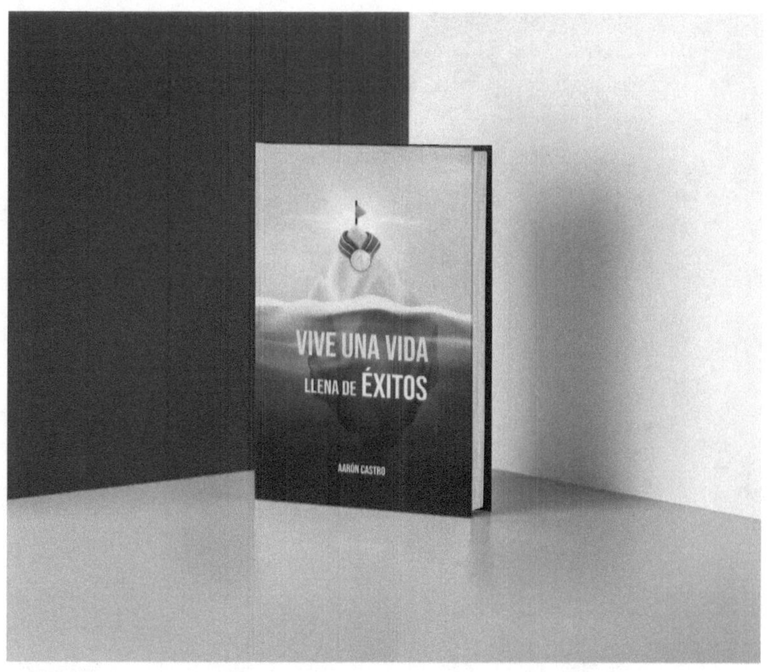

La guía práctica que te enseñará a vivir como viven las grandes personas de éxito. Aprenderás a vivir como ellos, a rodearte con ellos y pensarás como ellos hacen. Vas a vivir la vida que tanto has deseado y que te mereces: UNA VIDA LLENA DE ÉXITOS.

Una guía detallada, basada en años de investigación, descubriendo los comportamientos, secretos, rutinas y hábitos que grandes referentes en distintas áreas, han tenido y que les ha llevado a triunfar en sus vidas.

¡NO TE QUEDES ESTANCADO, VE MAS ALLÁ Y COMIENZA A VIVIR UNA VIDA LLENA DE ÉXITOS!

Sé Un Emprendedor De Éxito

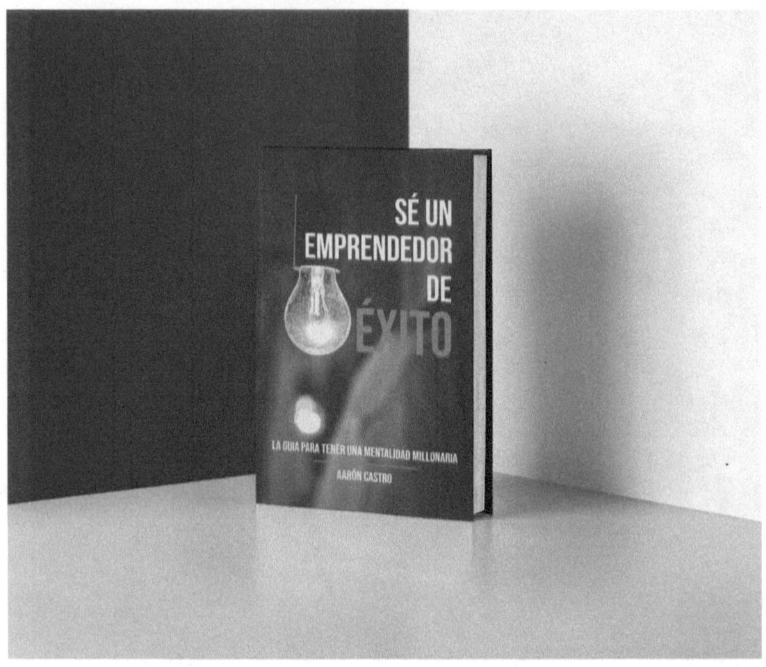

¿Has estado esperando por mucho tiempo a tu libertad financiera? Esta es la guía indicada para todos aquellos que quieren ser emprendedores de éxito.

Es donde aprenderás las claves para tener éxito en los negocios, habilidades que necesitas tener, formas de gestión de dinero y donde vas a adquirir la MENTALIDAD MILLONARIA que te llevará a la LIBERTAD FINANCIERA.

¡EL MOMENTO DE SER LIBRE FINANCIERAMENTE HA LLEGADO A TU VIDA!

Índice

 # ¿Quién soy?

¿Quién soy? ¿Por qué debes darme tu atención?

Lo más probable, es que en este momento te estés preguntado, ¿Quién es este para decirme a mí como llegar al éxito?

Así que aprovecho esta oportunidad para presentarme. Soy Aarón Castro, un joven emprendedor con muchas ganas de comerme el mundo. Desde los 12 años, llevo siguiendo a personas referentes en el éxito: emprendedores, deportistas, escritores, etc. Siempre he tenido hambre por ser mejor persona, he adoptado la filosofía de la mejora constante. Gracias a esto, he logrado madurar, sigo madurando y cada día trabajo, en ser una persona de éxito. Si tú adoptas esta filosofía, verás que poco a poco te irás convirtiendo en un ejemplo para los demás, otros querrán ser como tú y juntos llegarán a la cima.

Como podrás ver, soy un amante del desarrollo personal, esto me ha llevado a formarme; y actualmente sigo formándome, poniendo en práctica todo lo que aprendo, para así obtener resultados en mi vida. Invierto en mí, escucho audios, hago cursos y asisto a eventos. Busco tomar acciones, que me acerquen a ser una persona exitosa, una fuente de inspiración para los demás.

Vive una vida llena de éxitos

No sólo amo el desarrollo personal y el mundo del emprendimiento, también amo el deporte. Desde los 7 años hago deporte, éste ha sido mi mejor amigo en la vida; me ha ayudado a no rendirme, a ponerme metas, me ha hecho luchar y soñar en ser grande. El deporte me ha dado muchas lecciones de vida y ha estado presente en situaciones difíciles que he vivido, es un compañero fiel, que te ayuda a crecer como persona.

Una de mis metas, es poder enseñar a otros a salir del infierno, que puedan transformar sus vidas y la de otros. Recuerda: primero debes salir tú para que después puedas decirle a otras personas cómo salir.

¡Se me ponen los pelos de punta, al saber que tú podrás leer este libro y que serás una persona totalmente nueva!
Desde mis redes sociales, Facebook, Instagram y YouTube, busco dar contenido de valor, que permita a los demás a tomar acción en sus vidas. Me contenta, mucho cuando recibo mensajes de personas que me dicen, que gracias a mis videos o alguna de mis publicaciones, han empezado a dominar el timón de su vida. Siento que tengo una gran responsabilidad y por eso busco en mis videos, dar un mensaje capaz de cambiar la mentalidad de otros y que adopten una mentalidad de ganador. Gracias a esto, he logrado salir del infierno y ahora estoy aquí contigo, compartiendo lo que he aprendido y he aplicado para vivir con éxito.
Actualmente, me enfoco a dar educación financiera y de desarrollo personal, totalmente gratis en mis redes sociales, quiero que personas como tú con hambre de éxito sean capaces de adquirir conocimientos, que te hagan ser una persona libre.

Si quieres saber más, eres bienvenido.

2 Mi historia

Ven y conoce mi historia.
"Veo la vida como un largo proceso de aprendizaje" - Richard Branson.

Soy Aarón Castro, nací en Venezuela; y a los 7 años me tocó irme del país. Fue duro, estuve un tiempo separado de mi padre, ya que él se había ido primero que yo, por situaciones políticas y me tocó estar solo con mi madre. Es difícil cuando eres un niño, que va a primero de primaria y no cuentas con tu padre que te apoye.

Tiempo después, logramos estar de nuevo juntos en familia y comenzó un nuevo capítulo en nuestras vidas.

De niño jugaba al fútbol, quería ser el mejor del mundo y soñaba con jugar algún día en el FC Barcelona. El fútbol me enseñó muchas cosas, me convertí en una persona disciplinada y poco a poco fui aprendiendo valores, que han sido importantes en mi vida. Desde ese momento, soñaba con la idea de vivir algún día en España. Me enloquecía al pensar eso, me visualizaba paseando por las calles de Barcelona. Era un sueño fuera de lo normal, en ese entonces todos pensaban que yo estaba loco. Mis profesores, compañeros, incluso mi propia familia, me decían que me bajase de esa nube, que no iba a vivir en España.

Tenía dos opciones: Bajarme de la nube y no tener ambición de crecer o quedarme en la nube y seguir luchando para convertir mi sueño en realidad. Decidí no bajarme, no quería ser como los demás, quería ser diferente. Desde un principio supe que no iba a ser fácil, pero tenía fe de que algún día lo lograría.

Ha habido varias situaciones que me han marcado, que me han hecho conocer el infierno. Con 12 años, mi familia y yo vivimos una de las situaciones más difíciles, mi padre fue encarcelado ilegalmente, pensábamos que nuestros sueños se habían acabado.

Tuvimos la bendición de que varias semanas después, logramos salir victoriosos.
a partir de ese momento, me convertí en una persona muy nerviosa e hiperactiva, mi rendimiento académico no era sobresaliente. Un año más tarde, conocí el infierno de nuevo, una vez más, mi padre fue encarcelado ilegalmente. Con 13 años, viví una depresión muy profunda, recuerdo estar en mi cama, mirando

al techo con un dolor en mi corazón, que recorría la punta de todos mis dedos. No sabía que hacer, me sentí solo y muchos me dieron la espalda en ese momento. Los meses siguientes fueron muy difíciles para mí y para mi familia.

Pero lo mejor estaba por venir…

Logré salir de esa situación y recuperé mis ganas de soñar, y es algo que aprenderás a lo largo de este libro. Mi madre al principio fue muy pesimista, pero yo nunca perdí la fe. Mi padre había tomado la decisión de irnos al lugar que siempre soñé, Barcelona. A pesar de todos los problemas que teníamos, mi sueño cada vez estaba más cerca de hacerse realidad.

"No te avergüences de tus fracasos, aprende de ellos y empieza de nuevo" - Richard Branson.
A veces, lo que necesitas en tu vida, es vivir un tiempo en el infierno, para salir de allí siendo un ganador.

A pesar de lo mucho que me afectó esa depresión en todas las áreas de mi vida, me convertí en una persona más fuerte y me tocó volar como un ave fénix. Recuperé la confianza, empecé a escribir mis sentimientos y me hice un amante del éxito. Sabía que para llegar lejos, tenía que aprender de los mejores.
El 28 de marzo del 2017, llegué al lugar que tanto había soñado, Barcelona se convirtió en mi casa. Empecé a crear una nueva vida, tenía hambre de éxito y por nada del mundo me podía dar el lujo de rendirme.
¡Estuve más de un año sin ver a mi padre, pero eso me ayudó a ser aún más fuerte!

Pensando que más nunca volvería a caer, caí. Sufrí una depresión,

me había traicionado la persona que más amaba en mi vida. Me sentí solo una vez más. Pensé que era un fracasado, que todo era mi culpa y que me merecía lo peor en mi vida. Gracias a que apliqué lo aprendido y gracias a mis mentores, salí de ese hueco tan profundo en el cual me encontraba

Meses después, me detectaron dislexia y eso no me importó. Sentí la responsabilidad de comunicar mi mensaje al mundo entero, debía ayudarme a mí mismo y también a los demás. Tuve la transformación más grande que he tenido hasta ahora. Confieso que esa depresión fue difícil, no podía dormir y en ocasiones me ponía a llorar en clase. A mi vida llegó el libro "La Voz de Tu Alma", y supe que mi momento había llegado. He vivido en el infierno, mi mente fue esclava de esa miseria. ¡Siempre tuve hambre de mejorar, apliqué lo que había aprendido hasta ese momento, los libros, audios, cursos; y eso me llevó a estar aquí, escribiendo este libro para ti, para que tú puedas ser una persona exitosa!!!

La dislexia no es impedimento. Te pongo el ejemplo de Richard Branson, fundador del grupo Virgin. Branson, de muy joven le detectaron dislexia, no era un buen estudiante. Se le daba muy mal ir a la escuela, pero tenía mucha creatividad para el mundo de los negocios. Actualmente, Richard Branson ha escrito varios libros y es una de las personas más ricas de todo el mundo.
Todo está dentro de nosotros, somos capaces de llegar tan lejos como queramos. Basta ya de excusas, nuestro momento de tomar acción es ahora.

Me he encontrado con muchos obstáculos, me he caído y me he levantado. Muchos han querido hundirme, pero aquí estoy. He visto como muchas personas se han quedado atrás sin hacer nada, he visto como otros se han conformado con lo que tienen y he visto también, a otros que han optado por ser mejores. Con estos últimos me he quedado, no nos conformamos y queremos llegar lo más lejos posible.

Lloré muchas veces, no veía la luz al final del túnel. Vivía con miedo, me importaba mucho lo que decían los demás, quería hacer lo que personas sin resultados decían, por el simple hecho de ser aceptado. Siempre fui diferente, nunca estuve de acuerdo con compañeros de clase y con mis profesores. Pensé que no tenían una mentalidad de crecimiento y éxito. Muchos me dijeron que no lo lograría, que era muy joven o que simplemente debía dedicarme a otras cosas. Muchas de esas voces provenían del infierno y supe que no debía hacerles caso. Esas voces me dieron energía para salir adelante y brillar. Ahora tú y yo podemos brillar juntos.

A lo largo de las siguientes páginas, te iré contando muchas de las cosas que he vivido y te enseñaré que es posible llegar al éxito. Pero para eso, debemos hacer primero un viaje al infierno. ¡No te preocupes! No estás solo, yo te acompañaré en este viaje. Juntos conoceremos el infierno y juntos saldremos de ahí. Saldremos victoriosos, celebraremos nuestro triunfo y alcanzaremos el éxito.

¿Me sigues?

Hasta ahora has visto que:
- Me dijeron que no lo lograría.
- He sufrido 2 veces depresión.
- Me detectaron dislexia.
- Me he hecho fuerte a pesar de los malos momentos.
- Me han traicionado.

- Nunca he perdido la fe.
- Tenemos mucho potencial dentro de nosotros-

¡Vamos a adentrarnos en esta aventura!

 Bienvenidos otra vez

¿Recuerdas cuando tu vida era un infierno y no te sentías capaz de cumplir tus metas? ¿Te acuerdas cuando empezaste en este trayecto y no sabías lo que iba a pasar? Pues bienvenido una vez más a la transformación de tu vida. Es un honor para mí, poder estar nuevamente contigo, acompañándote en tu aventura de éxito. Una vez más vas a transformarte, disfrutarás más de la vida y conseguirás el éxito que tanto deseas. Hace un tiempo vivías en un lugar horrible, el infierno. Ahí no podías ser nadie, tenías que salir de ese lugar, para poder vivir la vida de un ganador.

Tú lograste dar un gran paso, al seguir lo que aprendiste en el primer libro. Marcaste la diferencia en tu entorno, decidiste cambiar tu vida, te cansaste de vivir en la miseria y saliste del lugar que te estaba matando. Lograste derrotar las voces del infierno, te reconciliaste con tu pasado, empezaste a soñar en grande de nuevo, te hiciste amigo del miedo… Y muchas más cosas.

Quiero que te detengas un momento, para ver todo lo que has aprendido hasta ahora; ya no eres la misma persona, ahora eres mejor. Eres una persona que va en serio y no está con tonterías. Mira todo lo que has logrado hacer y mira también, todo lo que te falta por hacer. No solo se trata de salir del infierno, se trata también de adaptar tu vida al cambio y vivirla como la vive una persona de éxito.

Vive una vida llena de éxitos

Estás aquí para seguir el camino de la transformación. Esto se trata de estar constantemente creciendo; de nada sirve hacer algunas cosas de éxito, para luego dejarlas. Es como quien empieza a cambiar su salud, de nada te sirve hacer dieta y ejercicio, durante unos meses y luego dejarlo por años. No puedes dejar tu vida al azar, tú eres el protagonista de tu película, tú eres quien manda. No estás para que otros te digan lo que debes hacer, estás para dejar el mundo mejor de como te lo encontraste.

He visto como muchas personas dejan las cosas a medias. Seamos sinceros… TODOS, ABSOLUTAMENTE TODOS, hemos hecho esto alguna vez en nuestras vidas. Dejamos un curso a medias, no terminamos de leer ese libro, crear ese proyecto, llegar a tu peso ideal, etc. Las personas de éxito, no dejan las cosas a medias, lo que hacen es darlo todo hasta el final. Se dan permiso de aprender, porque como ya sabes, el fracaso es un aprendizaje. De nada te sirve haber leído el primer libro, si no aplicas lo que dice ahí. Solo tienes conocimiento pero, tu vida no cambiará si no tomas acción.

Por eso estas aquí, porque te voy a revelar secretos que vas a llevar a la práctica y que te permitirán vivir como una persona de éxito. Vas a ganar esta partida, es tu momento de celebrar otro triunfo.

En el libro anterior, te dije que íbamos a ir más en profundidad en algunos temas. Lo vamos a hacer, porque quiero que comiences a aplicarlos; son sumamente importantes para no salirte del camino del éxito. Si no aprendes esto ahora, estarás en riesgo de caer en el infierno. Este libro te va a ayudar a seguir en el camino adecuado, aprenderás que tu forma de vida antigua, no tiene nada que ver con la nueva forma de vida que tendrás. Vas a producir sinergias en las distintas áreas de tu vida, que te llevarán al lugar

que siempre has soñado.

No estás aquí para conformarte con lo que has conseguido, estás aquí porque vas a brillar y a construir un imperio para el resto de tu vida. Este es un proceso que consta de varias fases, las cuales no te puedes saltar, las debes cumplir y hacer bien, porque si no, nunca, NUNCA llegarás al éxito. No vengo aquí a decirte que todo va a caer del cielo, vengo aquí a decirte que es el momento para empezar a disfrutar del proceso. Te acompañaré en este camino, una vez más te digo que no será fácil, pero al final la alegría que tendrás por haberte superado, será muy grande. Lo que vas a ganar es tan grande que no puedes imaginártelo.

Acompáñame y te cuento un poco más del plan maravilloso que tengo para ti.

"Hay una gran diferencia entre conocer el camino y andar el camino." - Morfeo.

Una cosa es saber lo que debes hacer, entender que debes ir en el camino del éxito. Y otra cosa muy distinta, es estar en ese camino, hacer que las cosas sucedan, que las puertas de la victoria se abran y que las oportunidades aparezcan en el camino. Una cosa es saber que debes estar con buenas personas, pero otra cosa, es saber la razón y aprender cómo conocer a esas personas que te ayudarán. El mundo está lleno de distracciones, si nos dejamos llevar, nos perderemos y caeremos en el infierno. En cambio, si decidimos escribir nuestra historia, es cuando las grandes cosas suceden.

En este libro te voy a enseñar, lo tanto que te ha afectado recibir mala información en tu mente. Vivimos en una sociedad, donde nos emborrachamos de información, tenemos más de

la necesaria, no sabemos usarla, ni filtrarla. Estamos siendo bombardeados de fotos, videos y artículos que encontramos en todas las redes sociales. Todos ellos se contradicen; los medios de comunicación, nos dicen que nos moriremos mañana y que en una hora, quedaremos todos pobres. Esto hace que perdamos el enfoque y lo que termina pasando, es que nos preocupamos por cosas que no son importantes, que no nos afectan. Vivimos en una ilusión que vemos en la pantalla. Esto debes saber manejarlo y debes aprender a cómo quitar esto de tu vida.

También te enseñaré, lo mucho que me ha ayudado formarme con los mejores. Lo mejor que puedes hacer, si vas a desarrollar algo en algún tema en específico, es buscar la mejor información de ese tema, aprender de lo que han hecho y que tú puedes hacer. Muchas veces, no sabemos en dónde buscar, nos quedamos con lo primero que encontramos y esto es una gran barrera en la obtención de un buen conocimiento. Yo te enseñaré en donde puedes buscar, porque debes hacerlo y vas a comenzar a aplicarlo. Lo bonito del éxito y de tu transformación personal, es que puedes iluminar la vida de otras personas. Así como yo ahora mismo estoy siendo tu guía, tú puedes ayudar a algún ser querido a que salga del infierno. En este mundo hay que dejar un legado y tú lo vas a hacer; vas a ayudar a otros, a personas que merecen tu ayuda y que de verdad están comprometidas. Te lo agradecerán y créeme, te sentirás muy feliz de lo que haces.

En el primer libro, te hablé un poco de juntarte con buenas personas. Ahora aquí lo vas a ver en detalle, te pondré ejemplos; lo que te diré, aplica tanto para adolescentes como adultos, te diré el porqué debes preocuparte por tener buenas relaciones. También hablaremos, de cómo debes comportarte en una relación y cómo debe ser una buena relación. Vas a tomar acción saliendo al

mundo a cultivar buenas relaciones, harás que te tengan aprecio y tú aportarás valor a esas personas. Pensamos que el amor es perfecto, pero no es así; llegó el momento en donde empezarás a construir relaciones, que te ayudarán a conseguir tus éxitos.

Algunos se preocupan y no saben la manera de conocer a nuevas personas, pero yo te diré como. Vamos a usar todos los recursos que tienes a tu favor, vas a usar tus habilidades, para conectar con personas de éxito como tú. Estamos en un mundo globalizado, todo está a nuestro favor, para estar rodeado de un entorno de ganadores.

Hablaremos también, sobre el poder de las afirmaciones. Te pondré retos para que asumas desde ya, la actitud de una persona de éxito. Vas a hacer que tus sueños se hagan realidad, vas a cumplir tus metas. Vas a dejar de ser la persona insegura que eras y serás la persona que cumple todas sus metas. No tienes ni idea ahora mismo, de cómo pueden funcionar tus poderes. Te voy a revelar todo su potencial y cómo vas a usarlos.

Para ser una persona de éxito, hay que cuidarse. Hablamos de esto en el libro anterior y ahora lo pondremos en práctica. Los ganadores viven con vitalidad, están activos y tienen una salud muy buena. Aquí vas a aprender sobre llevar una buena alimentación y te daré ciertas pautas para que hagas ejercicio. Te voy a decir lo que me ha funcionado, no te preocupes si no tienes un gran presupuesto. Tranquilo, lo que te diré aquí, te va a funcionar. Vas a entender el porqué es tan importante llevar una buena salud; y verás que si cuidas tu salud, tendrás mayor capacidad para lograr tus metas, en comparación a gente que "lo tiene todo". Te sorprenderá esto, pero vas a ver que todo depende de ti, depende de tu toma de acción; y que eres capaz de lograr

cualquier cosa que te propongas.

Esto y muchas más cosas aprenderás en este libro. Vas a vivir tu transformación. Para que cumplas tus metas, debes ser y vivir como una persona que cumple sus metas. De nada te sirve saber la teoría y no ponerlo en práctica. ¿Cómo vas a tener más dinero en tu vida si no estás creciendo como persona? Muchas personas llegan aquí, pensando que encontrarán la fórmula mágica para hacerse millonarios, de la noche a la mañana. Están mal, su mentalidad hace que sigan como están. Para ser una persona próspera, debes transformarte poniendo en práctica, todo lo bueno que aprendes. Quizá ahora mismo no lo veas claro, pero el hecho de alejarse de la información basura, aprender cosas útiles, juntarse con buenas personas, saber cultivar buenas relaciones y tener una buena salud, te van a llevar al lugar que tanto deseas, te dará la libertad que te mereces.

Te recuerdo que esto no es algo fácil, solo las personas comprometidas al 1000% superan esto. Muchos dejan las cosas a medias, pero tú estas aquí para hacerlas bien, no te vas a rendir. Como en el libro anterior, algunas cosas aquí te dolerán y te darán miedo. Pero, vas a usar esas emociones a tu favor, para que tomes el timón de tu barco y vayas al éxito.

Yo también he dejado las cosas a medias. Sabía mucho, pero hacía poco. Luego entendí, que debía tirarme al agua y arriesgarme. Tenía pánico de morir, pero no veía todo lo bueno que iba a conseguir. Me quedaba estancado y no era capaz de aplicar mis conocimientos a mi vida. Ahora puedo hacerlo y tú también puedes hacerlo.

Mira el caso del equipo de fútbol, Liverpool FC. En el año 2005,

tuvo uno de los partidos más importantes de su historia, le tocaba jugar la final de Champions League, contra el AC Milan. Su rival tenía un gran equipo, con los mejores jugadores del mundo. Eran los reyes en el fútbol italiano y ahora habían llegado a la final, del torneo de clubes más importante de Europa. El AC Milan, inició ganando el partido 3-0. Dominaban por completo el partido, iban rumbo a levantar el trofeo.

Pero algo sucedió…
Los jugadores del Liverpool, decidieron no rendirse; sacaron todo su potencial, jugaron como equipo y lograron empatar el partido. Un marcador de 3-0, que parecía imposible de remontar y mucho más en una final de Champions, contra jugadores como Kaká, Cafú, Andrea Pirlo, entre otros; terminó siendo un 3-3. Muchas personas dejan las cosas a medias, cuando ven que se complica el panorama, pero pocas siguen haciendo su mejor esfuerzo, hasta conseguir el resultado que quieren. Se fueron a la tanda de los penaltis y el Liverpool, terminó ganando una final que parecía imposible.

En las semifinales de la Champions League, temporada 2018-19, el Liverpool volvió a demostrar que todo está en uno mismo. El partido de ida lo perdieron 3-0, contra el Barcelona; el equipo rival había dominado el partido completo y todo indicaba que iban a pasar a la final. Los jugadores y el cuerpo técnico del Liverpool, decidieron que iban a jugar con todo su poder hasta el último minuto, en el partido de vuelta en su estadio. Ellos sabían que tenían un compromiso con sus aficionados, con ellos mismos y con la historia del club. Con mucho esfuerzo, lograron remontar el marcador y ganaron la eliminatoria, el partido de vuelta resultó en un 4-0. Pasaron a la final y sabían que debían dar un paso más, y ganaron la final.

No importa si no eres amante del fútbol, para que entiendas, que cuando las cosas se complican, es cuando con más razón debes tomar acción. Estás aquí para avanzar, no para quedarte estancado.

Yo te diré lo que necesitas saber, pero tú vas a tomar acción y vas a vivir una vida llena de éxitos.

Eres el héroe de tu historia.

Hasta ahora has aprendido que:

- Tú lograste dar un gran paso, al seguir lo que aprendiste en el primer libro.
- Estás aquí para seguir el camino de la transformación.
- Muchas personas dejan las cosas a medias, pero tú vas a seguir rumbo al éxito.
- No sirve saber qué hacer y no hacer nada.
- Para traer prosperidad a tu vida, debes transformar tu interior.
- Vas a aprender a tener buenas relaciones.
- Vas a buscar la información que necesitas.
- Sabrás usar el poder de las afirmaciones.
- Tendrás mejor salud.
- Serás un ejemplo para los demás, ayudarás a otras personas a que salgan del infierno, como tú lo hiciste.

Es momento de ponerse manos a la obra. Acompáñame en esta nueva aventura. Van a suceder cosas maravillosas.

¿Me sigues?

¡Vamos a ello!

Comencemos a perfeccionar nuestra mentalidad de éxito

Querido/Querida lector, vamos a comenzar a recorrer esta aventura. Quiero que pongas toda tu atención y no dejes escapar ningún detalle que verás a partir de ahora. Para vivir una vida llena de éxitos, necesitas tener una mentalidad de persona exitosa, por eso estamos aquí, para que empieces a poner en práctica lo que has aprendido y lo que vas a seguir aprendiendo.

En esta primera parte del libro, vas a aprender varios temas, que te ayudarán a afrontar tus metas. No puedes tener una mentalidad de persona que vive en el infierno, necesitas tener mentalidad de alguien que disfruta del proceso del éxito. Para esto, lo primero que vamos a hacer, es atacar el virus que te hace idiota; un virus que es muy contagioso en nuestra sociedad y que destruye la vida de muchas personas: La mala información que recibes.

En el libro anterior, vimos como derrotar a las voces del infierno; esas voces que te dicen cosas limitantes, te buscan destruir y roban toda tu energía. Ellos también llegan a darte mala información, te dicen como hacer las cosas, cuando en realidad esas pautas que te dan, no sirven para nada, ni ellos mismos han obtenido resultados haciendo lo que dicen. Vas a ver, que es un peligro estar haciendo caso, a las estupideces que en muchas ocasiones,

nos dicen los medios de comunicación. Gran parte de nuestra personalidad, está influenciada por las cosas que vemos; y si esas cosas son estupideces, nosotros nos quedaremos de por vida en el infierno. No quiero ponerme con teorías de conspiración, acerca de si los gobiernos nos quieren manipular, pero lo que debes saber, es que es el momento para que dejes de escuchar lo que escuchan las masas.

Vas a dejar de estar chismorreando en la vida de los demás, vas a entender que si sigues haciendo caso a esas noticias de crisis, eso es lo que vas a tener en tu vida. Entenderás, que muchas de las cosas que encontramos en las redes sociales, no tienen sentido alguno. Lo que hace esa información, es convertirnos en más tontos. Aprenderás también, que gran parte de lo que te enseñaron en la escuela, no te sirvió y tampoco te servirá. Debes poner un filtro de información en tu cabeza, para solo recibir información que te acerque más a tu objetivo.

Te enseñaré la importancia de leer y escribir. Te digo desde ya, que leer no es revisar tweets y el feed de tu Instagram. Escribir tampoco es estar hablando por WhatsApp, o colocar frases filosóficas en tus redes. Leer, es hacerlo revisando lo que los mejores han hecho; leer me ha ayudado a mí, a aprender de personas de éxito, me ha ayudado a transformar mi vida y tú ahora mismo, estás transformado la tuya también. Veremos también, que es muy importante llevar un diario, para que escribas tus sentimientos, lo que has hecho en el día y tus metas. De esta forma, estás conversando contigo mismo, estás desahogando tus emociones y además, es una forma de medir tu progreso.

En este apartado del libro vas a aprender también, la importancia que tiene ayudar a los demás. Dejarás un legado en el mundo

y será mejor de como te lo encontraste. Vas a hacer que otros logren cosas más grandes, los llevarás de la mano a la cúspide y harás que iluminen al mundo entero.

No solo eso… Vas a poner en práctica las afirmaciones. Estas van a lograr que seas una persona totalmente nueva; podrás cambiar la forma en como actúa tu mente, lo que permitirá que cumplas con tus objetivos y que hagas tus sueños realidad. Es increíble, a mí me ha ayudado cada día y también te ayudará a ti.

Así que empecemos ya con esto, vamos a por todo. En esta aventura, vas a dar lo mejor de ti, sacarás todo tu potencial y una vez más alcanzarás el éxito.

¡Sígueme!

# La mala información que recibes

Vivimos en un mundo globalizado, toda la información está en nuestras manos. Somos capaces de saber lo que ocurre en la otra punta del mundo en cuestión de segundos. Algo que hace años era una locura pensar, hoy es una realidad. Somos bombardeados de información, sobre la vida de los demás, noticias de actualidad, publicidad, fotos comida chatarra, etc. Este exceso de información muchas veces nos perjudica. ¿Por qué?

Porque nos llegan cosas que no necesitamos, creemos en lo primero que vemos y vamos detrás de asuntos, que no aportan valor a nuestras vidas. Hacemos lo que las masas hacen, creemos en las famosas "fake news" y en vez de leer un libro, escrito por una persona éxito, le hacemos caso al profesor de turno en el instituto. Llega un momento, donde nos fijamos más en la mala información y pasamos por alto la buena información; esos datos que te ayudarán en tu negocio, esas formaciones, que te harán ser la persona de éxito que deseas. Es mucho más fácil dejarse llevar por idioteces, que estar atentos en filtrar lo que vemos.

¿Tus profesores te dijeron que debes prestar más atención en clase, en vez de hacer otras cosas? ¿Y si esas otras cosas, te aportan más que lo que ves en clase? El problema está ahí, nos hacemos

esclavos del sistema, no somos capaces de conocer la verdad y nos quedamos viviendo en la "Matrix". Ahora te toca salir de ese hueco.

La información que recibimos de los medios de comunicación, moldea nuestra forma de ver el mundo. Muchas de nuestras decisiones, se ven influenciadas por lo que vemos en las noticias, votamos por ciertos políticos, por lo que dicen los medios y no nos damos cuenta, que muchos de ellos están manipulados, solo defienden sus intereses. Tú sigues siendo el mismo tonto de siempre y ellos siguen teniendo el poder. La gente de éxito investiga a fondo, analiza y contrasta antes de dar una opinión. Pero el detalle está, en que tenemos mucha pereza en hacer esto, ¿Acaso cuando ves algo por la televisión, te paras a pensar si eso es cierto o no? ¿Piensas si de verdad es bueno para tu vida? Lo más probable, es que ni lo pienses y dejas que eso entre en tu cabeza.

¿Y si usaras la información a tu favor?
Para tener éxito en la vida, hay que ser capaz de tener la información necesaria, de esta forma tendremos una visión más amplia de nuestro camino. Por ejemplo, los inversores están constantemente analizando las noticias del mercado, no se dejan llevar por lo primero que obtienen, buscan distintas fuentes y ven que es lo que es verdad y lo que no.

En la escuela, nos dijeron que debemos buscar un empleo seguro y que es mejor evitar riesgos. ¿Qué hizo esto en ti? Que te quedaste en tu zona de confort, dejaste de perseguir tus sueños, e hiciste caso a una persona que no logró el éxito en su vida. Te dicen por ahí, que es lo que debes hacer con tu salud, cada vez que te ponen un anuncio de algún medicamento; también te dicen lo

que debes hacer en tu relación de pareja, cuando ellos mismos no saben ni cómo tratar a su madre. No podemos estar haciendo caso a cualquier persona que se nos cruce por delante, debemos pararnos a pensar y preguntarnos a nosotros mismos: ¿Esto me lleva al éxito? Si tu respuesta es no, ya sabes que lo mejor es ignorar eso y poner tu enfoque, en lo que de verdad te hace ser un ganador.

¿Sabes lo que pasa cuando recibes mala información sobre el amor?
Lo que sucede es que tus relaciones se ven afectadas, porque leíste por ahí, que la tasa de divorcios es muy alta; el miedo te termina comiendo y acabas dejando tu relación.

¿En tu salud?
Te crees lo primero que te dicen, viste a un "influencer" diciendo en redes sociales, que hicieras una "dieta detox" de solo jugos por 2 semanas y no te das cuenta, que estás destruyendo tu cuerpo. Viste que lo mejor que podías hacer para combatir la gripe, era inyectar medicamentos a tu cuerpo y con esto haces que se pierda la capacidad natural, que tiene el sistema inmune de trabajar.
¿Y en el dinero?
Haces con tu dinero lo que te dijeron tus profesores. Haces inversiones sin sentido, no inviertes a largo plazo y tampoco inviertes en ti. Solo vives para pagar las facturas y dado a que siempre estás bombardeado de información, haces compras inútiles, que en el momento te dan cierta felicidad, pero a la larga no ganas nada.

En definitiva, cuando nos dejamos llevar por todo lo que vemos, leemos y escuchamos, nos vamos directo al infierno, a bordo de un jet privado. En cambio, cuando filtras la información que

Vive una vida llena de éxitos

entra a tu vida y solo te quedas con lo que te sirve, la cosa cambia; sabes lo que pasa en el mundo y sabes cómo debes actuar ante ciertas situaciones, eres más poderoso en el camino del éxito.

El sistema educativo a lo largo de todos estos años, ha demostrado que es peor de lo que parece. Te dicen que tendrás el mejor futuro de todos y que tu vida depende de ir o no a la universidad. En la escuela, te ponen reglas para limitar tu creatividad, ya que te dicen que "te distraes mucho". Sin darte cuenta, te lavan el cerebro diciéndote cosas que nunca usarás en tu vida. ¿Crees que la clase de trigonometría me ha ayudado a escribir este libro para ti? ¿Crees que me sirvió de algo buscar el coseno? ¿Crees que si hubiera hecho caso a mis profesores estaría escribiendo un libro? Si hubiera hecho caso a mis profesores, no estaría en este momento ayudándote. Pensamos que la verdad absoluta está en las aulas, cuando en realidad se encuentra fuera de ellas. Te enseñan que la respuesta a una pregunta es A o B; y en el mundo real es totalmente distinto. En las aulas no te preparan para ser una persona de éxito, solo te preparan para "saber llevar la vida en el infierno". Las escuelas te enseñan a ser un esclavo, no te enseñan a revolver problemas de la vida real, no te enseñan a ver el mundo.

En mi etapa como estudiante, vi como la vida de varios compañeros, era vivir en el salón de clases. Lo único que existía en sus cabezas eran los estudios, no tenían capacidad de ver mas allá. Claro, sus resultados académicos fueron extraordinarios, pero su visión del mundo y de la vida era muy pobre. Muchas veces, me criticaron por lo que yo pensaba acerca del dinero, me di cuenta que ellos eran conformistas. Decían que no se duchaban para ahorrar. En fin, no todo lo que te dicen en la escuela es verdad, solo que una mentira dicha muchas veces, se

convierte en una verdad. Ni en la escuela y muchas veces ni en la universidad, te enseñan a ganar dinero. Solo te dicen como gestionarlo, pero no donde crearlo o conseguirlo. No te enseñan tampoco de relaciones personales, ¿Cómo vas a estar preparado a luchar por el éxito, cuando todo este tiempo la única información que has recibido ha sido basura?

Muchos piensan, que las redes sociales son la salvación a toda la mala información que nos encontramos. Puede llegar a ser, pero no siempre es el caso. Estamos en una sociedad que se preocupa más, por lo que dice un influencer o youtuber sobre su pareja, en vez de preocuparnos por tener una vida llena de prosperidad. Te aseguro que muchos estudiantes, saben más sobre la vida de algún jugador de un videojuego famoso, que sobre cómo empezar a crear buenos hábitos. La vida que muestran muchos en su cuenta de Instagram, es una ilusión; ninguno va a poner lo mal que lo pasan, nadie pone sus defectos. Todos parecen llevar una vida genial, cuando por dentro están muertos. Viven de las apariencias, para así ser idolatrados por los demás. ¿Adivina qué? Esa gente que los idolatra son personas que no hacen nada con sus vidas.

A mí me ha llegado a pasar eso, he llegado a estar más pendiente de ver que hace tal o cual persona, en vez de estar cuidando mi salud. He llegado a perder horas y horas, pasando por el feed de Facebook o viendo Twitter, a ver si sucede algo en el mundo. Cuando era más joven cometía este error, me la pasaba mucho tiempo viendo videos de videojuegos. ¿Crees que eso me ayudó? Para nada. Más me hubiera ayudado, haber estado todo ese tiempo leyendo algún libro. Me obsesionaba con saber si de verdad los aliens existían, si los reptilianos iban a acabar con el mundo, o cuales eran los planes de los iluminatis. Créeme, que ni

los aliens ni los iluminatis me van a dar dinero. Soy yo quien se debe encargar de mi vida.

Dejemos esa ilusión y empecemos a tomar acción de una vez por todas. Deja de perder el tiempo haciendo caso a lo que te dice un profesor, que no pudo tener éxito en su vida y buscó el confort. Deja de hacer caso a noticias que no te van a dar nada a cambio. La gente se ha saturado tanto, que cuando le das un artículo de calidad, no son capaces de leer el primer párrafo. Esto te lo digo desde mi experiencia personal, he llegado a trabajar para medios de comunicación digitales de mi país; y he visto como muchas veces la gente critica sin saber, con solo ver el titular del artículo en Twitter, ya emiten un juicio de valor sobre su ideología. ¿Por qué no se toman el tiempo de leerlo, en vez de hablar sin saber? No lo hacen, porque se han saturado tanto de información, que no son capaces de usar su potencial. Pusieron su atención en cosas que no les aportaba y cuando tienen la verdad ante sus ojos, la ignoran.

Lo veo actualmente en el mundo del emprendimiento y desarrollo personal. Algunos dicen saberlo todo y lo único que hacen, es copiar frases de cuentas de Instagram y decir lo mismo que vieron en unos videos, sobre hacer negocios. Con eso creen que ya saben todo, le mienten a la gente y los demás piensan que pueden ser millonarios de la noche a la mañana. Son pocos los que hablan de un proceso, muchos me han escrito buscando una fórmula, para ser ricos en dos horas. ¿Adivina?… Cuando les digo que primero deben desarrollarse como personas, se dan por vencidos. ¿Tú quieres ser uno de ellos?

A mí me dijeron en la escuela, que el dinero no es importante en nuestras vidas, y ahora te pregunto: ¿Podrías mantener a

tu familia sin dinero? ¿Es difícil, verdad? Todo este tiempo te estuvieron mintiendo y es momento de que empieces a ser la mejor versión de ti mismo. Es típico que en el sistema educativo te quieran categorizar, te dicen que debes ser esto o aquello. En la última prueba que hice de profesión, salió que debía ser policía. La verdad, siento que tengo vocación para ello, me gusta el tema, pero me gusta mucho más causar impacto en la vida de las personas con este libro. ¿Te dijeron que un título es fundamental para tener éxito en la vida? Mira la lista Forbes, todos los que están ahí, dicen que la universidad no les fue útil. ¿Te dijeron que Cristobal Colón descubrió América? En fin, te invito a que hagas una búsqueda del tema.

El sistema educativo te ha mentido tanto, que te afectó a la hora de pensar. Te dijeron que debías pensar mucho antes de hacer algo, ya que eso es más apropiado. No te dijeron que debías tomar acción e improvisar en el camino, ya que eso es muy arriesgado, ¿cierto?. Toda esa información basura que recibes te hace ciego, no ves el mundo lleno de las oportunidades que tienes delante de ti. Pensamos que si ponemos objeciones a todo, es más inteligente de nuestra parte. Déjame decirte que, lo más inteligente que puedes hacer, es dejar de pensar tanto y mover el culo de una vez por todas.

PARA DE PENSAR DEMASIADO

Si los seres humanos, no fuésemos capaces de procesar pensamientos conscientemente, no podríamos haber logrado avances políticos, sociales, tecnológicos y económicos. Tenemos el poder de pensar y analizar las cosas, de ver la manera de hacer algo y no ir a lo loco, podemos tomarnos un momento para procesar lo que haremos y hacer todo con claridad. Pensar es

algo positivo; hay que usar la cabeza, pero pensar demasiado es un mal hábito. Creemos que pensar demasiado es positivo y que tendremos mayor claridad, eso es lo que nos han dicho. Pero realmente lo que pasa, es que cuando haces esto, te estás limitando a tomar acción.

Cambia tu enfoque a la toma de decisiones:
Cuando te encuentras dándole muchas vueltas a un asunto, pregúntate: ¿Por qué estoy pensando demasiado? El miedo hace que pensemos más de lo que deberíamos. Nos ponemos a pensar en cosas catastróficas que no van a suceder, nos montamos películas donde todo se viene abajo. Cada situación que tengas delante de ti, debes verla como una oportunidad de crecimiento, porque en el peor de los casos, habrás aprendido algo nuevo. Debes ser alguien que está orientado por su acción.

Cuando estés bloqueado mentalmente, es decir, que tengas parálisis por análisis, el mejor remedio es tomar acción. Nos paramos a pensar cosas inútiles, que no nos ayudan en nada. Deja de ser cobarde y da la cara al mundo, porque está esperando a que luzcas tu mejor versión.

Piensa más en el plan maestro que tienes por delante, piensa en todo lo bueno que vendrá a ti. No hagas grande a los problemas pequeños. Ve todo el paisaje y no te distraigas en tonterías. Debes poner una fecha límite para tomar desiciones, da lo mejor de ti y olvida lo demás.

No te preocupes por el resultado, deja de pensar en lo que podrías llegar a "perder". Vas a ganar sí o sí.
¿Te ayuda pensar demasiado? Para nada, lo que sí te ayuda, es decirte a ti mismo, que comenzarás desde hoy a comer saludable

y a hacer ejercicio. No pienses en que te va a doler, o que viste en Instagram que se puede bajar de peso en una semana. Deja todo eso a un lado, sácalo de tu mente y observa a las personas de éxito. Aprende de los que tienen resultados y los que han hecho un gran proceso, para llegar a donde están.

Practica la introspección:

Agarra una hoja o un cuaderno y haz una lista de tus pensamientos, escribe lo que puedes hacer y considera el peor escenario. Repasa toda esa lista y empieza a cumplir con ella, verás que era más fácil de lo que parecía.

No crees miedos ficticios, algunas personas cuando tienen una entrevista de trabajo, piensan en que les va a ir mal y se ponen muy nerviosos. Deja de tener esa mentalidad, lo peor que puede pasar, es que no te acepten. Si llega a suceder eso, no te preocupes; puedes seguir mejorando y buscando nuevos puestos de trabajo. Míralo como una oportunidad, para demostrar lo mejor que tienes.

No seas duro contigo mismo, para de criticarte destructivamente. Algunas veces, las cosas pueden salir mal, pero es parte del proceso. No te preocupes por lo que no controlas. Deja de consumir programas de televisión, que lo único que hacen es volverte más tonto, deja de estar viendo la vida de los demás en sus redes sociales, deja ya de morirte de la envidia. Pregúntate: ¿Qué necesito para obtener lo que quiero? Ve a por ello y confía en ti.

LAS REDES SOCIALES

Vivimos sumergidos en un mundo lleno de ilusiones, que se nos muestran en las redes sociales. Buscamos distraernos de nuestros

problemas y dejamos pasar el tiempo, para dejar ir al dolor interno. Hemos llegado a un punto, donde las personas pasan horas y horas, perdiendo el tiempo en las redes sociales, en vez de hacer algo por sus vidas. Piensan que mostrando su cuerpo, arreglarán la basura de vida que tienen; les preocupa mucho vivir de las apariencias y muestran una vida perfecta que no tienen. Muchos jóvenes, basan sus decisiones en cosas que vieron de otros, y esos otros la mayoría de las veces, no son modelos de éxito integral.

En el mundo fitness pasa mucho, vieron que alguien bajó de peso, en un periodo de tiempo muy corto y como ven que luce bien en las fotos, toman la decisión de hacer lo mismo. El detalle es que no se dan cuenta, como esa persona que proyecta una "buena imagen", lo que hizo fue destruir toda su salud, para tener más "likes". Lo he vivido en carne propia, en el ámbito de las inversiones bursátiles, muchos quieren ser millonarios en menos de una semana, comienzan a actuar de forma desesperada, buscando la estrategia perfecta para ganar dinero. Quieren el resultado sin merecerlo. Antes de obtener el resultado, debes haber vivido el proceso.

Así nos afectan las redes sociales, solo nos fijamos en el resultado; no en el trabajo que se ha hecho, para llegar hasta allí. Muchos se desilusionan, porque no pueden ser como la persona que colocó la foto de su súper coche. Pierden su dinero invirtiendo sin saber y no les entra en la cabeza, que todo lleva su tiempo; que las cosas no se pueden hacer de un día para otro. Esa persona, para llegar a donde ha llegado, tuvo que esforzarse. Debes luchar mucho, dejarte de tonterías y moverte hacia ese objetivo. Tanto chicos como chicas, buscan alimentar su ego, luciendo su número de seguidores. Hemos llegado a un punto, donde las chicas se fijan

más en tu número de seguidores, que en el valor que tienes. Sí, sé que a muchas personas no les gustará que diga esto, pero yo lo veo todos los días desde hace años.

Se ha puesto de moda últimamente, poner publicaciones sobre el calentamiento global y la extinción de la vida humana, dicen: NOS VAMOS A MORIR EN EL 2050. Llenan sus Instagram de fotos y vídeos, indignados por el deshielo en el ártico, por la extinción de animales, etc. Ahora bien, ¿Cuántos de ellos están comprometidos con cambiar el planeta? Me atrevo a decir que muy pocos, solo comparten la publicación y nada más. Desde la comodidad de su casa.

Lo veo muchas veces con la situación de mi país. La gente se mete todos los días en las plataformas a leer sobre CRISIS, CRISIS Y MÁS CRISIS. ¿Qué es lo que tienen en su vida? CRISIS. Porque esto es lo que meten en su cabeza. Lo único que tienen ahí dentro, es la escasez, muertes y lo que dice una señora con una bola de cristal, sobre la situación política. ¿Sabes lo que ha sucedido? Que la gente se queja mucho por la redes sociales, pero no tienen el valor de cambiar a su país. Todos son expertos políticos, pero nadie es capaz de salir a dar la cara. Cuando tú de verdad quieres algo, haces todo lo que esté en tus manos para lograrlo. Pero parece que no quieren vivir en libertad.

Se ha dicho mucho sobre las elecciones de los Estados Unidos y el Brexit. Varios periodistas han mostrado como grandes compañías han manipulado las redes sociales, para hacer propaganda política, haciendo uso de publicidad subliminal y poniendo información falsa. Esto ha condicionado el voto de la gente, los ciudadanos no se pararon a valorar lo que era lo mejor para ellos, por el contrario, lo que hicieron fue que respaldaron

sus votos en lo que vieron en Facebook. Así es como en estos tiempos las naciones se destruyen, caen en el infierno por la mala información que reciben sus ciudadanos.

Yo cuando era más joven, me la pasaba mucho rato viendo videos de humor en YouTube. Revisando que publicaba tal o cual persona; en vez de ver lo que decía una persona de éxito sobre cómo hacer negocios, o simplemente leer un libro. Recibía mucha información que contaminaba mi mente, eso me hacía una persona más negativa. ¿Cómo pretendes tener éxito en la salud, si solo sigues a cuentas de hamburguesas? Hay un dicho que dice: Eres lo que comes. En este caso podemos decir: Eres lo que consumes. Si tú solo metes información innecesaria a tu cerebro, serás una persona incapaz de vivir una vida llena de éxitos. ¿Cómo vas a tener éxito en las relaciones, si solo ves lo que ponen tus amigos con despecho? Te estás dejando influenciar por ellos y eso es lo que te pasará a ti.

Sabes mucho de la vida de Kylie Jenner, pero no sabes buscar nuevas fuentes de ingreso. Algo va mal en tu vida entonces. Mira a ese personaje de otra manera: Ella ha sido una persona, que ha trabajado mucho su marca personal. Hay muchas personas como tú, que tienen una vida pobre y andan muy pendientes de lo que pone ella en sus redes. Ella ha explotado su marketing y ha creado su marca de cosméticos; haciendo uso del comercio electrónico, ha visto que tenía una gran oportunidad de vender sus productos, muchas chicas iban a comprar sus labiales para ser como ella.

Yo a ella no la veo, como una modelo que muestra sus lujos en Instagram. Yo la analizo, como un caso de éxito empresarial, como una de las jóvenes millonarias más poderosas del mundo.

Me meto en su tienda y observo el diseño que tiene, su marketing, el funcionamiento de su plataforma. No me fijo en lo que hace ella o deja de hacer; me fijo en las cosas que tiene en su tienda, que le dan resultados y en lo que yo puedo aplicar.

La mayoría de las personas, no tienen un filtro para la información que dejan entrar a sus cabezas. Creen en lo primero que ven, en vez de contrastar, para ver si es cierto. No piensan en mejorar sus vidas, se hacen seguidores, en vez de convertirse en líderes de sus vidas. La gente se pone a leer novelas de amor, para no sentirse solas. Deja eso y ponte a amarte a ti mismo, no estás aquí para perder el tiempo y "desconectar", estás aquí para brillar. Pero para brillar, debes deshacerte de todo lo que no te aporta. Si algo no te hace mejor, sácalo de tu vida.

La gente se cree, que cualquiera puede tener la vida de fantasía, que muestran algunos por sus historias de Instagram. Y en parte, si logras salir del infierno, cumples con tus acciones y vives el proceso, puedes llegar a tener muchos más lujos, que cualquiera en Instagram. Pero nosotros no nos debemos fijar en eso, porque no sabemos lo que hay detrás. Puede ser que esa persona, esté haciendo eso como parte de su estrategia de marketing, para aparentar ser millonario, obtener más likes y luego beneficiarse económicamente de ello. Todo éxito lleva un trabajo detrás, uno no llega al éxito sin darse cuenta. El éxito no es algo de: *"Wow, no sé cómo he llegado tan lejos en la vida, sin darme cuenta tengo toda la prosperidad que deseaba."*

Desde hace un tiempo, me vengo dedicando a los negocios online. En la actualidad, gracias a todo el avance que tenemos, podemos encontrar cientos de modelos de negocios. Cualquier persona con una conexión a internet, desde la comodidad de su

casa, puede gestionar una tienda online y vender sus productos a todos los países del mundo. Existe también el marketing de afiliados, que es promocionar productos de otros y al hacerse la venta, te llevas una comisión. Otro modelo de negocio que se ha puesto de moda, son las agencias de marketing, que ofrecen sus servicios a compañías, para ejecutar campañas publicitarias en Facebook y así lograr más ventas.

Pero si hay algo que he visto de primera mano, es el trading en el mercado de divisas y las cripto monedas. Esto es algo que ha ganado fama, ya que en los últimos años, mucha gente ha logrado ganar dinero, gracias a hacer inversiones en estos productos financieros. En internet, nos podemos encontrar infinidad de cursos, que aseguran enseñarte las claves, para empezar a ganar dinero de forma rentable en estos mercados.

Me parece muy bien que la gente pueda acceder a esto, me gusta mucho este tema y que todos podamos aprender. Pero el problema está, en que hay muchas personas, que llenan sus perfiles en las redes sociales con joyas, billetes, coches de lujo, etc., y dicen que han logrado eso de forma "rápida", invirtiendo en los mercados bursátiles; y que si tú compras su curso, podrás ser como ellos. Es aquí cuando viene el gran problema, la mala información entra en la cabeza de muchos, que piensan que ganar dinero es algo muy fácil, cuando es todo lo contrario. Para ganar dinero en criptomonedas, futuros, divisas o en la bolsa, hay que estudiar. No me refiero a ir a la universidad, me refiero a que hay que aprender y practicar mucho. Requiere de mucha disciplina y puede tomarte años, para lograr vivir de eso.

Muchos son estafados al comprar "señales" o al comprar cursos. Pagan grandes cantidades de dinero y finalmente, no aprenden

nada. Muchos de los que venden estos cursos, en realidad no ganan de su negocio, solo hacen dinero al vender el curso. He visto día a día, como personas que se han visto afectadas por esta mala información, pierden toda su confianza y no logran invertir en ellos mismos, comprando cursos que sí valen la pena y en donde sí van a aprender. Es tanto el daño interno que tienen, que todavía sostienen que se puede ganar dinero de un día para otro, lo que tiene como resultado, que pierdan todo su dinero. No saben controlar sus emociones, no tienen paciencia y no disfrutan del proceso. Por eso seguirán en el infierno.

Sí se puede ganar dinero online, sí se puede ganar dinero del trading, pero no de un día para otro. Cuando algunos prometen en sus redes sociales, que es fácil hacer millones en pocas horas sin saber nada, están perjudicando la mentalidad de muchos. Hay que ser honestos y decirle a los demás la realidad.
No todo es lo que parece, nos dejamos llevar por la primera impresión, sin antes investigar un poco. Nos saturamos de tanta información, que no sabemos lo que hacer con ella. El conocimiento sin acción, no sirve de nada; y tener información basura, te llevará en tiempo récord, a lo más profundo del infierno. Las personas que he visto que han triunfado en negocios online, es porque se han enfocado en hacer, lo que tenían que hacer. Dejaron de distraerse con lo que los demás publicaban y solo observaban, lo que personas que son referentes en el éxito hacen. Es lo mejor que puedes hacer, dejar de estar viendo los perfiles de personas que no aportan nada, centrarte en tus objetivos y admirar a las personas que iluminan al mundo con su brillo.

Deja de creer en lo que te dice un programa de televisión, sobre la vida de los famosos. ¿Eso de qué te sirve? ¿Va a mejorar tu vida, el hecho de saber cuántos hijos tiene Julio Iglesias? Yo creo que no

Vive una vida llena de éxitos

te ayudaría mucho. Lo que sí te ayudaría, es obtener información con valor, de la que puedas sacar conocimiento, que te permita tomar mejores acciones. Con la mala información te desinformas, te alejas de la verdad y de tus metas. Debes empezar a cambiar las fuentes de donde bebes, para llevar una vida llena de éxitos.

¿CÓMO EVITAR LA MALA INFORMACIÓN?

Borra las aplicaciones que no necesitas: Te sugiero que entres en tu móvil y borres todas esas aplicaciones, que no te aportan nada para tus objetivos. Toda aplicación que te lleve a consumir contenido sin valor o que te incite a comprar de manera compulsiva, debes eliminarla.

Limita tu tiempo de uso del móvil: Úsalo para comunicarte con personas de valor, para hacer cosas importantes o para escuchar un podcast. No lo uses para distraerte del mundo y ver algo sobre la vida de los demás.

Deja de ver la televisión: Si vas a ver la televisión, mejor que sea para algo productivo, no para entretenerte. Es mejor que te pongas a ver un evento deportivo o documental, en vez de ver puras noticias de desgracias o programas donde hacen tonterías.

No uses tanto tus redes sociales: Si vas a usarlas, que no sea para pasarte horas deslizando el dedo por el feed; úsalas para conectar con personas, con objetivos similares a los tuyos.

Deja de seguir a personas que no te aportan: Es el ejercicio más difícil, pero el que mejor resultados te dará. Ve a tu Facebook, Twitter, Instagram o cualquier otra red social que tengas y deja de seguir a TODOS LOS QUE NO TE APORTEN. Hazlo y dejarás

de contaminarte, en caso de que no sigas a nadie ahora, busca a gente de valor, personas que están ayudando a cambiar el mundo. Usa hashtags como: #desarrollopersonal #negocios #libros #éxito. Encontrarás muchas cuentas con contiendo de valor.

Deja de escuchar a gente que no te ayuda: ¿Qué necesidad tienes de acatar consejos, de personas que no logran resultados? Lo mejor que puedes hacer, es ignorarlos, así evitarás que su mala energía te contagie.

Haz esto y verás como todo comienza a ser mejor :)

Ahora hagamos un pequeño recuento, de las cosas que has aprendido en este capítulo y luego sigamos viviendo esta aventura:

- Somos bombardeados por información acerca de la vida de los demás, noticias de actualidad, publicidad, fotos de comida chatarra, etc. Este exceso de información muchas veces nos perjudica.
- Nos llegan cosas que no necesitamos, creemos en lo primero que vemos y vamos detrás de asuntos, que no aportan valor a nuestras vidas.
- Muchas de nuestras decisiones, se ven influenciadas por lo que vemos en las noticias, votamos por ciertos políticos, debido a lo que dicen los medios de comunicación y no nos damos cuenta, que muchos de ellos están manipulados, solo defienden sus intereses.
- Para tener éxito en la vida, hay que ser capaz de obtener la información necesaria, de esta forma tendremos una visión más amplia de nuestro camino.
- En la escuela nos dijeron que debemos buscar un empleo seguro y que es mejor evitar riesgos. ¿Qué hizo esto en ti?

Vive una vida llena de éxitos

Que te quedases en tu zona de confort, dejaste de perseguir tus sueños e hiciste caso a una persona, que no logró el éxito en su vida.

- Tu situación económica, amorosa y de salud, está muy influenciada por el tipo de información que obtienes.
- Filtra la información y no caigas en el infierno.
- PARA DE PENSAR DEMASIADO.
- Practica la introspección.

- Apps que debes usar en tu móvil:
- Grid diary: Te hace preguntas para empezar el día, te ayuda a tener claro a dónde vas y para estar agradecido de lo que tienes.
- Audible: Es una plataforma de audiolibros.
- Headspace: Una app que te ayuda a meditar.
- Wunderlist: Te ayuda a cumplir con tus metas.
- My Fitness Pal: Te ayuda a hacer ejercicio y llevar una buena nutrición.
- Te invito a que repases todo lo que viste en este capítulo y apliques las pautas que te he dado. Debes cumplir con todo este proceso, para llegar a donde quieres. Cada vez estás más cerca de lograr lo que deseas, así que no te rindas y sigamos en esta aventura.

¿Me sigues?

6 Lee y escribe

Leer y escribir son dos herramientas poderosas para tu vida. No sé si te has dado cuenta, pero leer este libro te ayuda bastante, ¿cierto?. Otra cosa que todavía no has visto es que, cada vez que te pongo un reto, donde tienes que escribir tus metas, hacer una lista, etc., estás haciendo que tu mente entre en el programa del éxito. Son dos cosas que debes hacer todos los días, cuando se juntan ambas cosas, eres capaz de aprender y hacer cualquier cosa que te propongas.

Los libros son una fuente rica en conocimiento, puedes acceder a ellos cuando quieras y te darán las respuestas que estás buscando. Pocos son los que entienden que leer es un ejercicio mental muy enriquecedor; estás alimentando a tu cerebro de buena información, haces que tu mente se expanda y tus neuronas se hacen más fuertes. Compruébalo, es importante ejercitar tu cuerpo y mente, para obtener mejores resultados. Y como añadido, escribir hace que tengas una comunicación contigo mismo más efectiva, eres capaz de identificar lo que sientes y puedes liberar tus emociones. Escribir diariamente, te ayuda a desbloquearte y es una forma de ayudarte, para afrontar todos los retos que se pongan en tu camino.

¿Por qué lo hago? Porque es algo que he aprendido de mis

mentores, todos ellos atribuyen que gracias a leer y escribir todos los días, han logrado obtener el éxito que tienen, aun teniendo éxito en sus vidas, lo siguen haciendo, porque es un hábito que los hace más grandes.

Libros fiel compañía

Los libros son un compañero fiel incondicional. Te hablan las 24 horas, están ahí siempre, en las buenas y en las malas. Te sirven de guía; si estás en una situación donde no sabes que hacer, puedes consultar un libro y te dará la respuesta. Es increíble pero cierto, puedes aprender de los mejores del mundo, sin necesidad de verlos personalmente. Basta con leer lo que han escrito, para ver lo que puedes aplicar en tu vida. Puedes aprender de personas que han muerto; si escribieron un libro, lo único que tienes que hacer es leerlo. No se va a leer solo, ni entrará en tu cabeza por arte de magia todo el contenido del libro. Debes valorar el libro y LEERLO.

Estoy en contra de la piratería. Cuando compras un libro, es una señal que mandas a tu cerebro, de que estás dispuesto a luchar por el éxito. En cambio, cuando te lo pirateas, sigues estando en la zona de confort. No vengas con excusas de que no tienes dinero, toma acción e invierte en ti. Es una inversión que te dará grandes beneficios.
En la librería de tu casa, puedes contar con la compañía de grandes líderes, empresarios, deportistas, etc., a un precio muy wasequible. Ellos estarán ahí para darte lo mejor.

¿Por qué leer?

Leer es un ejercicio de meditación, estás en una charla tú a tú, con

una persona de éxito. Es un momento sagrado, donde tu mente se abre para recibir buena información, que procesarás y pondrás en práctica. Leer alimenta tu intelecto, es una forma muy buena y sencilla de cambiar tu mentalidad. Un buen libro te va a decir las cosas como son, te dirá las verdades sin pelos en la lengua; no estará para caerte bien, su misión es que puedas estar bien. Leer te hace conocedor del mundo, te diferencia de los demás y te convierte en una persona, que tiene mayores capacidades que el resto. Si quieres medir a alguien, mídelo por los libros que lee. Te darás cuenta, si de verdad esa persona está comprometida con ser mejor.

Cuando lees ejercitas tu cerebro, haces que trabaje y gane más capacidades. Tu salud neurológica se ve muy beneficiada de esto; porque haces que tu cerebro tenga que salir de su zona de confort, saque lo mejor de sí y procese toda la información en cuestión de segundos. Cuando hablo de que leas, me refiero a libros reales, no cuentos de fantasía, nada de historias de vampiros. Me refiero a que leas algo real, alguna biografía, un libro de historia, sobre algún matemático, científico, doctor o lo que te apetezca. Si quieres ser bueno en algo, empieza por leer libros de esa área.

La lectura provoca estimulación neuronal, que ayuda a la reserva cognitiva del cerebro. Puede ayudarnos incluso, como protección ante enfermedades neurodegenerativas.

A mayor reversa cognitiva, mayor capacidad tiene el cerebro, para compensar el daño cerebral de ciertas patologías. Con la lectura se estimulan tus sentimientos, tu cuerpo comienza a liberar dopamina, mientras adquieres conocimiento. ¿Qué hace esto? Que sientas placer al aprender. Sirve como un calmante y también mejora tu memoria. Imagina que cada día puedas hacer

ejercicio y leer, los beneficios a largo plazo serán magníficos.

¿Cómo me ha ayudado?

De niño me gustaban mucho los libros, siempre tenía libros de todo tipo en casa. Pero mi problema, era que los compraba y no era capaz de leerlos, no los terminaba. A medida que fui creciendo, mi librería también fue creciendo; pero todavía no lograba adquirir todos los conocimientos plasmados en los libros que tenía. Cuando iba entrando en la adolescencia, me fui interesando por el desarrollo personal y la mejora constante; veía como los referentes de éxito, tenían libros escritos y cada vez me interesaba más leerlos. Mi padre me había regalado "Padre Rico, Padre Pobre" y me dijo, que era el momento de comenzar a alimentar mi cerebro con buena información y no ser uno más en la vida.

Siempre me llamaban la atención los libros de negocios y desarrollo personal, sentía que tenían las respuestas que yo estaba buscando.

Al cumplir los 14 años, mi pasión por leer incrementó. Comencé a leer más, ya por ese entonces podía terminar un libro. El primer libro que terminé, con mucha dedicación, fue "Sin miedos", escrito por el periodista Jorge Ramos. En ese momento descubrí, la pasión que sentía por investigar y buscar la verdad. El libro relata varias entrevistas, que él realizó a personas de la vida pública, políticos, líderes y empresarios. Todos ellos con una historia detrás.

En esa época, comencé a escribir como un ejercicio de liberación de mis emociones. Lo usaba como una terapia, donde podía

liberar todo lo que sentía, hablar conmigo mismo y con la persona que fuera a leer eso. Supe que debía aprender y una buena forma era leyendo, así podría llevar esos conceptos a la práctica y luego, poder escribir sobre ellos.

Un día estaba merodeando por internet, buscando información sobre inversiones y me encontré un video en YouTube, del empresario Tai López. Su video habla sobre las 3 reglas más importantes para invertir; se basaba en un libro que él había leído sobre Warren Buffet, el mejor inversor del mundo. Vi la importancia que él le daba al leer y también vi, que detrás suyo tenía muchos libros. Investigué más sobre Tai López y me enteré, que él lee un libro al día. Fue ahí cuando me enamoré de la lectura y supe que debía hacerlo para llegar lejos. Meses después, en verano, me leí todos los libros que tenía hasta ese momento, eran más de 20 libros y llegué a leer hasta 3 por semana. Me los leía de la primera hasta la última página, cada vez que tenía tiempo me ponía a leer, hasta cuando iba en el coche de mi madre.

Mi problema ahora era, que tenía que comprar más libros. Noté un gran cambio en mí, comencé a pensar diferente y fue cuando mi desarrollo personal, empezó a incrementar rápidamente. Fue cuando me preocupé de no estar rodeado de malas compañías, odiaba ir a la escuela, a escuchar la mentalidad perdedora que tenían muchos compañeros y profesores, con respecto al tema del dinero. Mi mente se abrió y no volví a ser el mismo, supe que era el camino al éxito.

A medida que iba leyendo, mi forma de ver la vida mejoró. Supe que el sistema educativo no sirve y que lo mejor para mí, era leer de los mejores. Entendí, que no podía perder el tiempo y que lo mejor que podía hacer, era invertir en mi lectura. Fui poco a

Vive una vida llena de éxitos

poco controlando más mis emociones y también fui madurando. Esos meses de lectura, hicieron que yo madurase bastante y hasta el sol de hoy, sigo leyendo. Cada vez que termino un libro, mi madurez incrementa y hago lo que sea para llevar a la práctica los conceptos del libro.

Desde ese momento, cada vez que llegaba a sentirme mal, me refugiaba en la lectura. Me olvidaba de todo y sentía, como si el autor del libro estuviese a mi lado, enseñándome a ser como él. Cuando leí la biografía de Richard Branson, sentía como si él me daba ánimo para ir a por todo; él había sido un mal estudiante, malo en las matemáticas y tenía dislexia. Vi que teníamos cosas en común y que él había construido un imperio.
Fue como un mentor, una sesión 1 a 1, sin tener que tenerlo físicamente presente.

Un libro que me sumergió mucho y que sentí a flor de piel cada detalle, como si estuviera ahí dentro, fue el de Leopoldo López. En ese momento Leopoldo, se encontraba secuestrado en la cárcel militar de Ramo Verde, fue encarcelado por la dictadura de Nicolás Maduro. En ese libro, él relata cada detalle de su celda, describía su día a día y como la lectura lo hacía sentir libre. Me cautivó mucho ese libro y entendí, que en la vida te encontrarás obstáculos, pero cuando tienes una razón fuerte, logras superarlos.

La lectura me ayuda a poder conversar con personas mayores que yo, me doy cuenta lo mucho que debo aprender y también que la edad miente muchas veces. He conocido personas mayores que yo, que no tienen la capacidad que yo tengo. No debo sentirme inferior a ellos, porque yo he descubierto la vía del éxito. No tengo necesidad de estar en fiestas, de consumir drogas o de

estar teniendo sexo con cualquier persona. Prefiero quedarme despierto, hasta altas horas de la noche leyendo, en vez de estar bebiendo alcohol. Porque sé que cuando me levante, seré mejor persona de lo que fui ayer. Sé que si hoy leo, mañana tendré más conocimientos, podré tomar acciones, decisiones y seré mejor persona que hoy.

En mi última depresión, la lectura fue la que me sacó de ese infierno. Cada página que leía, era un paso más al éxito. Cada página era una cura para mi persona. Sin la lectura, no estaría aquí contigo. Gracias a la lectura, soy quien soy. Gracias a cada libro que leo, se me ocurren nuevas ideas, puedo ayudar a más personas y me siento cada vez mejor conmigo mismo… me alegro de mi progreso. Ahora subrayo los detalles que me interesan, para luego volverlos a leer, cuando necesite la respuesta a algo.

Los grandes leen. Todas las personas con grandes éxitos leen libros. El fundador de la marca deportiva Nike, Phil Knight, se ponía a leer en el avión un libro, sobre como negociar con los japoneses, para poder llegar a acuerdos respecto a sus zapatillas deportivas. Warren Buffet, lee cada día libros, reportes financieros, revistas, periódicos; lo hace porque cada día, quiere estar al tanto de las tendencias mundiales y se dedica a leer alrededor de 6 horas diarias.

Bill Gates, el fundador de Microsoft, siempre lee; también recomienda libros para leer. Es increíble como él toma vacaciones para leer. Mientras otros quieren olvidarse de que viven en el infierno por una semana, él se dedica a adquirir conocimiento. Elon Musk, creador de Tesla, lee 10 horas al día. Cuando estaba en la adolescencia, llegó a leer todos los libros disponibles que tenía en su librería más cercana. En la hora de recreo, leía libros sobre física y sus profesores se quedaban asombrados de ello; tanta era su dedicación por leer, que decían que era un ratón de biblioteca, leía todo lo que encontraba.

Bob Proctor, ha estudiado durante toda su vida el libro "Piense y Hágase Rico"; en la actualidad, sigue enseñando los principios de ese libro, escrito por Napoleon Hill. Tony Robbins, también lee. Ha leído a autores como Ray Dalo y Tim Ferris; incluso ha llegado a leer el libro que escribió Tom Brady, uno de los mejores jugadores de la NFL de todos los tiempos.

Si quieres cambiar donde te encuentras, necesitas cambiar quien eres. Necesitas crecer, para llegar a donde quieres estar. Al leer un libro, estás tomando lecciones de personas que han dedicado décadas, para darte sus conocimientos y tú en menor tiempo, puedes aprender lo que ellos aprendieron. Leer un libro es como salir con alguien, estás en una charla en privado con ese referente del área que te interesa. Robert Kiyosaki, puede ser como tu amigo, si lees sus libros. Además de leerlo, puedes ver sus videos. Debes tener el hábito diario de leer y ver un vídeo, sobre el tema que estés aprendiendo. Verás que los resultados que obtendrás serán maravillosos.

Un libro es como un cuadro hecho por un pintor. Tu primera impresión cambia con el tiempo, un libro lo debes analizar en profundidad. Hoy en día, tienes la posibilidad de escuchar audio libros y podcasts. Tienes a una persona hablándote, estás aprendiendo a medida que vas haciendo algo. Para mí es mejor leer, pero puedes complementarlo con los audiolibros, es cuestión de gustos.

Tú como persona, no vas a crecer en la escuela. Es mejor que sepas

eso desde ahora; y también que crecerás más leyendo. No puedes ser como los demás, que no leen y siguen siendo los mismos. Cuando eres capaz de leer un libro por semana, tu vida tiene un giro de 180 grados. Odiamos leer, porque en el sistema educativo, nos obligan a leer libros que no nos ayudan y no nos gustan. Así que te recomiendo, que empieces poco a poco; no hace falta que elijas un libro tan largo, coge uno del área que desees y léelo. Poco a poco, le agarrarás el gusto y podrás leer todo lo que quieras. Busca momentos a lo largo del día para leer, no tengas excusas como que no tienes tiempo. Hazlo al ir en el bus, cuando tienes un tiempo libre o antes de dormir.

Mira lo siguiente: Hay un concepto muy importante que se explica en el libro "7 Hábitos de la Gente Altamente Efectiva"; y es el ser proactivo. Las personas reactivas, se quejan de todo, insultan a todo el mundo y están siempre angustiadas. En cambio, las personas proactivas toman acción.

Leer hace que madures, porque entiendes que debes aprender. Es como comer, no lo hagas tan rápido y no hace falta que leas 10 en un día. Debes entenderlos y analizarlos, ver los puntos de vista de ese libro. Yo soy más de ir libro a libro, en vez de leerme 5 al mismo tiempo, me gusta disfrutar del proceso y te invito a que tú también lo hagas.

Muchas personas te enseñan su colección de zapatos, gastan su dinero en lujos, pero no lo usan para obtener conocimiento. No te vas a morir si lees libros, los dedos no se te van a derretir… Siempre y cuando tomes acción. ¿De qué te sirve haber comprado un libro, si luego no lo lees ni lo aplicas? No debes hacer caso, si la gente piensa que eres un ser extraño por el hecho de leer. A mí me han dicho que estoy mal, que no debo leer, que eso no les gusta a

Vive una vida llena de éxitos

las mujeres y muchas más tonterías.

Somos personas de variedad, así que lo mejor es buscar variedad a la hora de leer libros. Tener libros de distintos temas, como puede ser historia, deportes, salud, biografías, negocios, psicología, etc. Si tienes variedad de buenos libros, vas a aprender mucho y rápido.

Ahora vayamos al segundo paso de este capítulo; sígueme y descubre la importancia de escribir.

Has visto que leer, te trae beneficios muy buenos a tu vida, es una forma de alimentar tu cerebro y de crecer como persona. Si esto lo combinas con el hábito de escribir cada día, verás grandes avances en tu vida.

Cuando te hablo de escribir, no me refiero a que lo hagas de vez en cuando, en tu ordenador o dispositivo móvil. Me refiero a que te tomes unos minutos, en total tranquilidad y soledad, te sientes y agarres un papel y bolígrafo. Debes involucrarte al máximo en el proceso y la mejor forma de conseguirlo, es hacer que trabaje todo tu cuerpo, porque así estarás usando todas tus capacidades. Cuando escribes, eres capaz de hacer un recuento de todo lo que has vivido, de lo que has hecho en el día y lo que quieres hacer. Sobre todo, escribir puede determinar tu futuro, esto lo veremos cuando hagamos las afirmaciones.

Nos hemos perdido tanto, que hemos perdido la relación con nosotros mismos. No nos entendemos, porque no nos hablamos. Escribir te va a ayudar a hablar contigo mismo, porque eres tú quien te dirá, que puedes hacer todo lo que te propongas. Al comunicarte mejor contigo mismo, eres capaz de comunicarte mejor con otros y tienes mayor claridad. Esto hace que proceses

mejor las ideas y seas más eficaz, a la hora de tomar acción. Cuando eres capaz de plasmar en un papel todo lo que sientes, liberas todo tu estrés. Si te sientes triste o nervioso, escríbelo; identifica la raíz del problema y escribe lo que puedes hacer para solucionarlo. Todo está dentro de ti; vas a poder encontrar la solución de muchos problemas, que parecen imposibles de resolver, una vez inicies esta meditación contigo. Vacía tu mente, haz que todo ese sufrimiento se quede en el papel y no invada más a tu vida.

Quizá uno de los problemas, que has tenido hasta ahora leyendo mis libros, es que intentas hacer todo lo que te digo, pero te cuesta ser productivo. Escribir te ayudará a activar las neuronas de tu cerebro. Si lo haces al levantarte, estarás preparado para afrontar las tareas del día. Además, escribir tus objetivos del día, con las palabras adecuadas, te programan para ejecutarlas bien. Sobretodo, cuando pones tus metas por escrito, las posibilidades de lograrlas aumentan. NO es escribir por escribir, es saber escribir. No necesitas ser como Gabriel García Márquez, pero sí que debes expresarte todo lo que puedas y dar todos los detalles posibles.

También, al igual que la lectura, escribir te permite aprender más. Cuando usas tus propias palabras, para escribir la información que recibes, te ayuda a asimilar y consolidar conocimientos, que hubieras olvidado si no te hubieras puesto a anotarlos. Cuando logras poner en papel, todo lo que se te pasa por la cabeza, aquello que deseas conseguir y como te sientes respecto a ello, no necesitarás a alguien que te diga quien eres. Tú mismo sabrás quien eres y que estás aquí para brillar. Puedes recordar con más facilidad, las cosas que aprendes al leer. Por ejemplo, puedes anotar los puntos claves de un libro. Así vives más enfocado,

porque cada día construyes tu propio mapa.

Yo comencé a escribir a los 14 años. Por ese entonces, me gustaba una chica; sentí que la mejor forma para expresar lo que sentía, era escribiendo. No solo escribía lo que sentía por ella, también escribía experiencias mías, como me había superado y cuál era mi mentalidad para crecer. Me sumergí tanto, que eso se convirtió en una terapia conmigo mismo. Dejé de ser una persona temperamental y me di cuenta, que con un bolígrafo podemos cambiar al mundo. Al principio era un secreto, escribía a escondidas y luego leía lo que había escrito. De esta forma, podía liberar toda la rabia que llegaba a sentir; todos esos sentimientos se quedaban en el papel. Me encargaba de escribir mis sueños, sobre a dónde quería llegar y todo lo que iba a hacer para alcanzarlo. Era una forma de desahogarme, sin la necesidad de tener a alguien y donde me repetía que podía lograr mis sueños.

Escribir me hacía soñar y permitía que yo apuntara alto, para comerme al mundo entero. Lo que empezó siendo un hobby, ahora es una herramienta, para ayudar a miles de personas que leen este libro. También solía escribir poesía, cada chica que me gustaba, tenía el detalle de recibir algún poema mío… aunque no lo valoraran. En ocasiones pensé, que escribir mucho era malo para mí; me daba miedo el avance que estaba haciendo, pero no sabía todavía, que años después, iba a estar escribiendo un libro, que puede ayudarte a cambiar tu vida. Intenté varias veces dejar de escribir, pero siempre al cabo de un tiempo, una voz me decía: "es momento de que escribas algo". Intentaba no escribir poemas, ni nada por el estilo. Me desanimaba el hecho de que nadie lo valoraba. Hubo un punto donde me dije: Si tengo que volver a escribir, que sea para ayudar a los demás. Y así fue.

Empecé a escribir sobre mi futuro, de como me sentiría cuando llegase a mi meta; lo sentía como si ya la hubiera cumplido y fue así, como las puertas se fueron abriendo. Dejé de escribir porque me lamentaba de todo, me quejaba de todo lo que me sucedía, estaba siendo una persona del infierno. Pero fue también por eso, que me dediqué a crecer para ser mejor. Te recomiendo, que cuando escribas seas honesto, ese texto es para ti, no lo tienes que compartir con los demás, si quieres bien y si no tranquilo, no pasa nada.

Expresa TODO e intenta no quejarte. En caso de que te quejes, CORRÍGELO y ponte como meta, dejar de quejarte. No estás para lamentarte, estás para triunfar. La escritura es un ejercicio, que no puedes dejar de lado.

La mejor forma para crear pensamiento crítico, es escribiendo. Pensar bien, hace más efectivas tus acciones. Cuando eres coherente, es cuando tienes oportunidades. Crea tu propio diario personal, vas a ser capaz de combatir tu ansiedad. Es una forma de crear una nueva vida, estás empezando a vivir como una persona de éxito. En el diario vas a escribir tu progreso, irás a lo más profundo de tu interior y te encontrarás contigo mismo. Te sugiero, que en vez de perder el tiempo, te pongas a escribir, no te distraigas con tonterías, dedica tiempo a tu persona.

Tendrás fe: tú vas a motivarte con lo que escribas. Toda adversidad que encuentres, es una oportunidad para triunfar. Vas a escribir *"esto es lo que quiero que pase en mi vida…"* *"Esto es lo que voy a hacer".*

Escribir te permite repetir y revivir tus experiencias favoritas: Cuando escribes con detalle, esa experiencia tan maravillosa que

tuviste, sintonizas con esa energía y atraes más momentos así en tu vida. Este proceso debes hacerlo, involucrando todo tu cuerpo; siéntelo en el corazón y visualiza toda la prosperidad que quieres.

Serás más agradecido: La gratitud es un músculo que puedes desarrollar. Cuando tienes más gratitud, vives mejor. Agradece por todo lo que has vivido, por lo que tienes y por todo lo que vivirás. Agradece todas tus experiencias, con las personas a tu alrededor. No seas amargado, ten gratitud con la vida.

Crecimiento exponencial: Escribe las cosas que estás aprendiendo de un libro, video, podcast, una conferencia o curso. De esta manera, podrás repasar los conceptos, se quedarán en tu cabeza y podrás aplicarlos.
Vas a escribir la vida maravillosa que tienes: Estás hecho para grandes cosas; tanto es así, que cada día vas a escribir, toda la acción que tiene tu vida. Al cabo de unos años, mirarás todos tus diarios personales y verás todo el progreso que has hecho.

<u>CONSEJOS Y EJERCICIOS:</u> Ahora te voy a dar una serie de consejos y ejercicios, que harás desde ahora. No te saltes estos pasos y sigue cuidadosamente lo que te diré. Recuerda que es por tu bien.

Dedica como mínimo 1H diaria a leer: Dedícate una hora 100% enfocada a tu crecimiento. Solo harás eso y te olvidarás del resto de cosas. Ponte a leer, escuchar algún podcast, ver un curso online, charla o audiolibro. Hazlo todos los días, sin importar lo que pase. Anota los próximos libros que vas a leer, los cursos que harás y podcast que escucharás.
Comparte: Cuando termines de leer un libro, comparte lo que has aprendido con alguien de tu entorno; quizá esa persona, pueda

tener mayor claridad, con la información que le estás dando.

Antes de leer un libro, intenta buscar algún video de YouTube, que contenga información del propio autor. Así te involucrarás más con el libro y absorberás con mayor facilidad todo los conceptos. **Te recomiendo que uses la aplicación "Blinkist".** Es una aplicación, con resúmenes de libros de crecimiento personal, liderazgo, entre otros. Te será de gran ayuda, para recordar puntos de los libros que lees. **Otra plataforma que yo uso es "Mentorbox",** te ofrece una suscripción online, donde puedes ver videos de resúmenes de libros, muchos de ellos impartidos por los propios autores. También te dan una guía, con los capítulos importantes y todo muy bien resumido, lo disfrutarás mucho y aprenderás más rápido. Además, te hacen que escribas; algo que vas a valorar muchísimo.

En caso de que no sepas hablar ingles… APRENDE. Estás para crecer. Además de eso, te quiero recomendar el Instagram de **@jesushonrubiagonzalez.** En su perfil encontrarás varios videos, donde él te muestra las enseñanzas, de distintos libros escritos por personas de éxito. Es de los pocos que he visto, que ofrece tan buena información de forma efectiva, al alcance de tu mano.

Procura todos los días, escribir al levantarte y antes de dormir. Si puedes escribir también durante el día, perfecto. Adquiere este hábito en tu rutina diaria; al cabo de un tiempo, verás como tu comunicación interna mejora. Recuerda: Escribe a mano, no lo hagas en el ordenador ni el móvil. Compra una libreta donde vayas apuntando todo, guárdala en algún sitio privado de tu casa y en unos años, llora de la emoción; date un abrazo por todo el avance que has hecho.

Vive una vida llena de éxitos

Ten cuidado donde lees, yo he sido del tipo de personas, que se pone a leer en la hora de patio, mientras todos gritan. Sí… Es buena experiencia porque sientes que detienes el tiempo. Leer es una cualidad de los genios, es una cualidad que debes tener. No importa si eres periodista, abogado, médico o policía, lo importante es que leas. Así que intenta leer en lugares tranquilos, cuando lees en lugares de mucho ruido, todo el sonido entra en tu cabeza y no eres capaz de absorber del todo aquello que lees. Busca un lugar con silencio, ve a una biblioteca o algún rincón de tu casa. Yo en ocaciones, me iba a leer a unas escaleras, donde pasaba muy poca gente de mi colegio :) **Ten buena iluminación,** no hagas sufrir a tu vista, te estás haciendo daño y también te darán dolores de cabeza. Harás que leer un libro sea doloroso y no queremos eso. Puedes usar linternas como las "Moleskine", que se pueden cargar vía USB y la puedes poner en tu libro, le darán luz a las páginas que lees.

Pensamos que las personas que leen son nerds y que están apartadas de la sociedad. NO. Leer es de gente "cool" leer es de gente "crack". Los que leen, saben que les falta mucho por aprender y que día a día deben estar creciendo.

Coge primero el hábito, no te enfoques en la cantidad. Lee cada día, por lo menos 4 páginas y verás, como poco a poco, irás leyendo más. Lo tendrás como ritual en tu vida y formará parte de ti. Siéntete como una persona que lee, que escribe y que hace ejercicio.

Si ves que el libro que estás leyendo, no te está aportando nada, déjalo. Ve a por uno que te sirva de verdad; si ese libro no es para ti, no pierdas más el tiempo. Habrá otro más interesante y que impactará más en tu vida.

Hay un consejo que aprendí de Víctor Martín, buscando información sobre cómo leer mejor. Ese consejo me recordó mucho, a mi época en la escuela primaria; muchos de mis compañeros leían en voz baja. Llegaba a suceder en clases y también en los exámenes. Yo siempre lo he detestado, me parece que uno debe leer hacia dentro. ¿Cuál es el consejo entonces? **Elimina la subvocalización.** La subvocalización, es cuando repites mentalmente, todo lo que vas leyendo. Es un comportamiento natural de nosotros, que hace que no leamos rápido. Vas a necesitar práctica, pero a medida que vayas adquiriendo esta habilidad y dejes de repetirlo todo, podrás leer mucho más rápido.

Utiliza una guía, señala con un bolígrafo o regla las palabras que vas leyendo. Intenta también no releer. Solemos hacer esto, porque no hemos captado toda la información, ya que no pusimos el 100% de nuestra atención en lo que leíamos. Pon todo todo tu foco en leer, no te eches para atrás y sigue.

Puedes escribir frases de motivación que te inspiren, reacciones que tienes a situaciones personales, cosas por las que estés agradecido, formas en las que puedes cuidarte, cosas que amas, creencias que tienes, hábitos que quieres adoptar, etc. Hay una infinidad de cosas que puedes escribir de tu vida, tu confianza será sólida, descubrirás patrones de tu comportamiento y corrigiéndote, adoptarás una actitud más positiva.

Anímate y hagamos un repaso de lo aprendido hasta ahora en este capítulo:

- Leer y escribir, son dos herramientas poderosas para tu vida.
- Los libros son una fuente rica en conocimiento, puedes acceder a ellos cuando quieras y te darán las respuestas que

Vive una vida llena de éxitos

estás buscando.

- Los libros son un compañero fiel incondicional. Te hablan las 24 horas, están ahí siempre, en las buenas y en las malas.
- Leer es un ejercicio de meditación, estás en una charla tú a tú, con una persona de éxito.
- Tu salud neurológica se ve muy beneficiada de esto, porque haces que tu cerebro, tenga que salir de su zona de confort, saque lo mejor de sí y procese toda esta información, en cuestión de segundos.
- La lectura provoca estimulación neuronal, que ayuda a la reserva cognitiva del cerebro.
- A mayor reversa cognitiva, mayor capacidad tiene el cerebro, para compensar el daño cerebral de ciertas patologías.
- Si quieres cambiar donde estás, necesitas cambiar quien eres. Necesitas crecer, para llegar a donde deseas estar. Al leer un libro, estás tomando lecciones de personas que han dedicado décadas, para darte sus conocimientos; y tú en menor tiempo puedes aprender lo que ellos aprendieron.
- Somos personas de variedad, así que lo mejor es buscar variedad, a la hora de leer libros.
- Cuando escribes, eres capaz de hacer un recuento de todo lo que has vivido, de lo que has hecho en el día y lo que quieres hacer. Sobre todo, escribir puede determinar tu futuro.
- Cuando eres capaz, de plasmar en un papel todo lo que sientes, liberas todo tu estrés. Si te sientes triste o nervioso, escríbelo; identifica la raíz del problema y escribe lo que puedes hacer para solucionarlo.
- Cuando usas tus propias palabras, para escribir la información que recibes, te ayuda a asimilar y consolidar conocimientos, que hubieras olvidado, si no te hubieras puesto a anotarlo.
- **Recuerda siempre, tener una buena postura corporal a la hora de leer y escribir.**

Vive una vida llena de éxitos

Por último, te quiero dar una lista de libros como recomendación, te van a gustar bastante. He leído muchos más, pero para empezar, te recomiendo algunos de estos:

- Piense y hágase rico - Napoleón Hill.
- Los 7 hábitos de la gente altamente efectiva - Stephen Covey.
- Los secretos de la mente millonaria - T. Harv Eker.
- Padre rico, padre pobre - Robert Kiyosaki.
- Los 88 peldaños del éxito - Anxo Pérez.
- La inteligencia del éxito - Anxo Pérez.
- Perdiendo la virginidad - Richard Branson.
- Salvando vidas - José Fernández.
- El Alquimista - Paulo Coelho.
- Elon Musk - Ashlee Vance.
- Los 11 poderes del líder - Jorge Valdano.
- Los secretos de Sascha Fitness - Sascha Barboza.

Preguntas que comenzarás a hacerte:

- ¿Qué problema tengo ahora mismo?
- ¿Qué hay de grande en este problema?
- ¿Qué estoy dispuesto a hacer, para que sea como yo quiero?
- ¿Qué estoy dispuesto a DEJAR de hacer, para lograr lo que yo quiero?
- ¿Qué aprendo de esto?
- ¿Cómo lo puedo aplicar a partir de ahora?
- ¿Qué soy capaz de hacer?
- ¿Qué me impide hacerlo?
- ¿Qué he aprendido hoy?
- ¿Cómo he aportado valor hoy?
- ¿En qué /quién me estoy convirtiendo ahora?
- ¿Cómo puedo elevar hoy mis estándares?

Vive una vida llena de éxitos

- ¿Qué haría mi máximo referente?
- ¿Me acerca esto que estoy haciendo, a mis sueños y objetivos?
- ¿En qué otros proyectos puedo apalancarme?
- ¿Esto me acerca a mi libertad financiera?
- ¿Cómo puedo multiplicar mis resultados con los recursos que tengo?
- ¿Esta emoción me empodera o me limita?
- ¿Cómo podría disfrutar más de este momento?
- ¿Cómo estará mi cuerpo dentro de 20 años, si sigo manteniendo mis hábitos de descanso y alimentación actuales?
- ¿Qué haría en este instante una mente exitosa?
- ¿Cuáles son mis estándares de pareja y relaciones?
- ¿Cómo puedo aportar más valor a mis relaciones?

Te felicito por haber leído este capítulo. Tengo confianza que desde hoy, vas a empezar a leer y escribir. Seguirás viviendo la vida y el proceso de una persona de éxito. Acompáñame y vayamos a por más.

 7   Lo importante de ayudar a los demás

Una de las cosas que debemos hacer en nuestras vidas, es ser guía para otras personas que van rumbo al éxito. Una de las mayores ayudas que puedes brindar, no es dar dinero, es apoyar a la persona para salir del infierno. Ten en cuenta que, la vida te va a premiar por toda tu buena voluntad. Recuerda también, que primero debes ayudarte a ti mismo, antes de ayudar a los demás; solo debes ayudar a las personas que están 100% comprometidas a salir del infierno, para tomar el camino del éxito.

En el anterior libro, te dije que debes llegar a la cúspide y una vez estés allí, debes bajar para subir acompañado. De nada sirve morir, sin dejar un legado; de nada sirve querer ser exitoso y no ayudar a otros. Deja el individualismo, tú tienes mucho potencial, tanto es así, que puedes salvar la vida de personas. Puedes ayudar a tu familia, amigos, incluso al mundo entero. ¿Por qué crees que escribo este libro? Porque quiero ayudarte, quiero que seas mejor y sé que ayudarás a otros, enseñándoles los aprendizajes de este libro. Algunos me preguntan: ¿De qué te sirve hacer videos? Lo hago porque sé, que alguien en algún rincón del mundo, verá mi vídeo y comenzará a cambiar su vida. Por eso lo hago, para acompañarnos mutuamente en la ruta de la victoria. Tú puedes ser la luz, que tanto necesitaba una persona, para tener un nuevo rumbo en su vida.

Cuando estabas en el infierno de tu vida, ¿Te hubiera gustado haber recibido ayuda?

Todos hemos pasado por momentos difíciles, tan difíciles que nos encontrábamos en la soledad absoluta. Eras tú contra el mundo, era un miedo espeluznante. Si en ese momento, hubieras recibido ayuda de alguien, que de verdad tuviera buenos resultados en su vida, hubiese sido una gran ayuda para ti. Quizá te hubieras ahorrado muchos dolores de cabeza.

Lo bueno del asunto, es que lo viviste de manera muy profunda y que tú ahora le puedes decir a otros: *"Oye te recomiendo que hagas esto"*. Estoy seguro, que algún guía te hubiera ahorrado muchos momentos de sufrimiento y por eso vas a ayudar a otros, porque sabes como se siente estar ahí y no quieres que sufran como tú lo hiciste.

¿Qué habría pasado, si alguien te hubiera dado buenos consejos para tener buenas relaciones?

En mi adolescencia, me hubiera gustado haber tenido un hermano mayor de éxito; que me pudiese dar buenos consejos para hablar con chicas, ser social y tener buenas relaciones con los demás. Pero no fue así, tuve que sufrir yo solo, me las tuve que apañar, para aprender a base de golpes. Me pude haber ahorrado todo eso, si alguien me hubiera entendido y dado una guía para triunfar. Mi única opción era investigar y buscar información; fui aprendiendo poco a poco de personas como Mario Luna, entre otros.

Vive una vida llena de éxitos

¿Qué habría pasado si hubieras tenido un guía en tu salud?

Lo más probable es que no tendrías ningún problema. Seguramente, tu estado sería de mucha vitalidad; estando fuerte, sano y con tus emociones bien equilibradas. Pero no fue así, tuviste que aprender por las malas, vivir en carne propia las consecuencias, de no tener un estilo de vida saludable. Viviste lo que es estar sin energía, con sobrepeso, problemas emocionales y hormonales; en fin, tu cuerpo decayendo cada día más. Te sentías perezoso, hasta que te golpeaste de frente con tu realidad.

Las personas suelen ser egoístas muchas veces, piensan que todo lo pueden hacer solos y que no necesitan ayuda de nadie. La realidad es la siguiente, debes aceptar que necesitas ayuda; por lo menos, debes buscar información en libros o videos. Lo más tonto que puedes hacer, es querer cambiar tu situación actual, sin saber como. Tú en el pasado, pensaste muchas veces que: *"yo lo haría"* , *"no necesito ningún entrenamiento personal, yo ya puedo solo".* Entonces, lo que en realidad sucedió, fue que seguiste en infierno. ¿Si estás a punto de morir y necesitas urgente una operación, le vas a decir al doctor que ya lo harás solo? En caso de que lo hicieras, estarías cavando tu propia tumba.
¿Cierto que habrías tenido mejor manejo del dinero si hubieras aprendido de gente de éxito?
Decidiste hacer caso al agente de tu cuenta bancaria, que no tiene ni idea de como hacer dinero. Él es un empleado más, que cobra por decirte un par de tonterías. En cambio, si hubieses buscado información de gente millonaria y el modo en que manejan su dinero, las acciones tomadas hubiesen sido distintas. En el caso de haber recibido buenas recomendaciones sobre inversiones y fuentes de ingreso, las cosas hubieran sido diferentes. Ahora que ya lo sabes, que te has analizado y has empezado a hacer cambios

en tu vida, puedes ayudar a otros, para que no tengan los mismos problemas que tú tuviste.

En esta vida hay que ser buenas personas y es momento de que seas el ángel guardián de otros. Tienes una luz capaz de iluminar al mundo entero. Cree en ti, tú eres un ángel.

No todo ha sido doloroso, he tenido la fortuna de haber encontrado a personas, que han aportado un pequeño grano de arena a mi vida. Personas de todo tipo, que me han ayudado en diferentes áreas y que sin ellas, no estaría donde estoy actualmente. No solo he aprendido mediante encuentros personales, sino también a través de libros. Me han dado luz, cuando muchas veces la necesita. Nadie es perfecto, pero cada uno de ellos ha tenido un impacto en mí.

En primer lugar, mi familia me ha ayudado muchísimo. Me han dado todos los recursos que ellos han podido, para tener una buena vida. Cuando tienes una buena familia, evitas los problemas que otros tienen. Por ejemplo, muchos adolescentes toman malas decisiones, ya que no tienen unos padres que les enseñen, que hay cosas que pueden traer consecuencias muy grandes. Lo he visto; he presenciado como muchos compañeros, llevan una vida desastrosa, porque sus padres no están con ellos.

Irónicamente, he tenido profesores que me han ayudado, pero lo que se me ha quedado grabado, han sido sus enseñanzas de vida, no las académicas. Han sido pocos, pero he tenido profesores, que me han dado ánimo en momentos tristes, me han dicho las cosas claras como el agua. Lo han hecho por mi bien, porque ellos en algún momento, también fueron adolescentes.

He aprendido de mis entrenadores en el fútbol, equitación y deportes de contacto. Han sido personas que se han quedado en mi mente, muchas de sus enseñanzas han tenido sus frutos. Siempre me acuerdo de ellos, siempre veo que puedo dar más y que rendirse nunca es una opción. Tampoco puedo olvidar las enseñanzas de mi psiquiatra :)

Pero también he aprendido de mis mentores. Son los que me han sacado de depresiones y me han convertido en un ganador. Sin ellos, no tendría la mentalidad que tengo, simplemente no estaría aquí. Me han ayudado en el amor, salud y dinero, para ser una persona de éxito. Están las 24 horas del día, los 365 días del año. Algunos de ellos mediante videos, cursos, libros y otros, en persona. Valoro cada detalle que dicen, como lo dicen, que hacen y como lo hacen. Observo TODO, porque sé que si aprendo de ellos, tendré muchos beneficios en mi vida. Aprecio mucho cada detalle que brindan, debo aprender porque ellos han llegado al éxito y son para mí, el mejor ejemplo a seguir.
¿Cómo he dado y doy ayuda?

Desde niño he sido educado, que cuando tienes la oportunidad de ayudar a alguien, que merezca la pena, debes hacerlo. Tú puedes ser la diferencia, si esa persona va a tomar el buen camino o decide ser un delincuente. No hace falta, que vayas diciendo por ahí lo tanto que ayudas, basta con saberlo tú mismo y la persona a quien ayudaste. Mi padre tenía una academia de fútbol, donde no se ganaba nada de dinero. Pocas personas tenían el dinero para pagar. Algunos no merecían estar con nosotros y otros sí que lo merecían. ¿Qué hacíamos mi padre y yo? Les dábamos una beca.

Esos chicos se alejaban de las armas y las drogas, gracias a que podían entrenar con nosotros. Tuvimos a alumnos, que no tenían

comida en sus casas y éramos nosotros, los que les dábamos comida, para ellos y sus familiares.

Por otra parte, ayudábamos a los entrenadores. Aun cuando se retiraran después traicionándonos; mientras ellos estuvieron, procuramos darle todo lo necesario. Llegamos a pagarles por clase, más dinero del convenido. Les invitamos a comer, incluso a darle dinero cuando no trabajaban.

Nos preocupábamos por ellos, porque algunos eran jugadores profesionales y sus equipos de fútbol, no les pagaban. Era la realidad, llegamos a ayudar a jugadores que tenían lesiones, que sin nuestra ayuda, no hubieran podido recuperarse. Hubo jugadores que no tenían dinero, para comprar su anillo de boda y fuimos nosotros, quienes les regalamos el aniño.

Recuerdo el caso, de un jugador colombiano llamado Yustin Arboleda. Él era una persona muy tranquila, humilde y con un gran talento. Estuvo un tiempo jugando en un equipo en Panamá y nosotros lo contratamos como entrenador en la academia. Tiempo después, se fue a jugar a Colombia y perdí el contacto que tenía con él. Por cosas de la vida, regresó a Panamá, a jugar de nuevo en el mismo equipo; y yo tenía la fe, de que pronto lo iba a volver a ver. Un día mi padre estaba en el coche, cerca del campo de entrenamiento del equipo, y Yustin se alegró al ver a mi padre. Yo también me alegré mucho, ya que supe que él estaría bien. Días después, Yustin fue a visitarme a una actividad de mi escuela. Al verlo, fui corriendo hacia él y lo abracé. No tengo palabras para describir lo que se siente, que uno de tus jugadores favoritos vaya a visitarte. Es un sentimiento tan hermoso, que no tiene palabras.

En la actualidad, ayudo de diferentes formas. El hecho de escribir

este libro, es una forma de ayudar a los demás. Estoy ayudando a diseñadores, tiendas, imprentas, lectores, a sus familiares, etc. Estoy ayudando a muchas personas a salir del infierno, a cumplir sus sueños y vivir una vida llena de éxitos.

Esta es mi forma de ayudar, estoy poniendo mi conocimiento al servicio de la gente, para cambiar la vida de muchos; porque mi propósito de vida, es ser libre financieramente y enseñar a los demás, a tener libertad financiera. Mi propósito es ayudar a que personas como tú, tengan una mentalidad de éxito y que luego, puedas inculcar esta filosofía, en tus hermanos, hijos, padres, amigos o cualquier otra persona que se lo merezca.

Ayudo al publicar mis videos, porque alguien en algún rincón del mundo, lo verá y aplicará lo que digo. Alguien lo va a compartir con otra persona y esa otra persona, tomará control del timón de su barco; irá rumbo al éxito incluso sabiendo, que puede morir en medio del mar, pero sabe que la única opción es el éxito…. No hay otra. Tengo el poder de usar un dispositivo móvil, escribir algo para mis redes sociales y que mucha gente lo lea y tome consciencia. También, sé que mucha gente ni hará caso, pensarán que estoy loco. ¿Por qué subes esos vídeos? ¿Te aburres mucho? Bueno, porque es mi trabajo. Debo poner eso, ya que muchas personas lo necesitan.

Cuando alguien me escribe por privado pidiendo ayuda, le pregunto por sus problemas, sus sueños y de que forma se está sintiendo. Puede ser, que lo que necesite esa persona, es atención de alguien por un momento. Cuando quieres ayudar a alguien que está deprimido, debes hacer que colabore contigo, contestando a tus preguntas. Debes preguntarle, sobre lo que quiere y también lograr, que esa persona vea su realidad y entienda, que tiene mucho potencial interno para alcanzar sus sueños.

En mi caso, trato siempre de animarlos, decirles que pueden hacer todo lo que quieran, que deben dejar de ser negativos y tener mucha fe; porque la fe es una arma nuclear. Es tan potente que si nunca la sueltas, llegarás pase lo que pase, a tu destino soñado. Lo hago porque me siento bien al hablar con esa persona, también esa persona se sentirá bien conmigo; ya que le estoy diciendo las cosas de una forma muy clara, me estoy abriendo como persona, para serle sincero y él o ella, al día siguiente, se despertará con mejor ánimo.

Podemos marcar una diferencia muy grande en la vida de muchos y no nos damos cuenta. Puede ser que tú, con unas cuantas palabras de aliento, puedas por ejemplo, evitar el suicidio de alguien. Nunca lo sabes, pero lo que debes saber, es que debes usar tu talento para ayudar a otros.

Te estarás preguntando: ¿Por qué debo ayudar a los demás?

Ayudar a los demás te hará rico.

Tony Robbins, cuenta en una entrevista una anécdota, de cuando era joven. Un día él estaba desesperado, tenía poco dinero y lo iba a usar para poder comer. De repente, ve como una mujer muy atractiva, entra acompañada de un niño; ve lo educado que era el niño con su madre, le abría la puerta, le acomodaba la silla y tenía algo que a Robbins, le llamó mucho la atención. Tony decide levantarse de la mesa, para hablar con el niño y felicitarlo por lo educado que era. Él sintió como una energía, lo impulsaba a llevarse la mano al bolsillo y darle lo que le quedaba de dinero al niño; y así fue, le dio el dinero y le dijo, que era el momento de invitar a comer a su madre.

Cuando Tony salió del restaurante se sintió libre. No tenía dinero, pero en ese momento, su miedo a la escasez murió. Porque cuando das algo, sin tener nada, tu miedo a la pobreza muere y las puertas a la prosperidad se abren.

Te he dicho, que primero debes enfocarte en ti y cambiar tú primero, pero en ocaciones, parte del proceso consiste en dar algo a alguien que lo necesita, cuando tú estás en un momento crítico. A la mañana siguiente, Tony recibió un cheque de 1.200 dólares.

Desde ese día, comenzó a dar más al mundo; y ahora le va muy bien en su vida. Es un hombre millonario, que ayuda a miles de personas con sus libros y eventos. Ahora cada día él se repite: "Úsame Dios".

Su meta diaria es ayudar a los demás. Cuando eres capaz de dar, eso regresa. Debes dar para recibir, pero debes dar, sin esperar nada a cambio. La vida tarde o temprano, te dará algo mejor. No lo pienses, da y la recompensa será mágica.

Ayudar a los demás, permitirá que la gente siempre te recuerde, dejarás un legado y hará que la vida de otros, mejore notablemente. No te lo pienses, ayuda. Hazlo siempre que puedas, porque la vida es corta y solo tienes una oportunidad, para poder lograr el éxito. Tú decides si empezar hoy, o no hacerlo nunca. Tú decides si hacer feliz a otros, o no ser nunca feliz. Cuando ayudas a otros, el gozo que sientes por dentro, no tiene palabras; es una sensación que te hace feliz, ya que ves que tu potencial, es muy importante para la humanidad.

¿Cómo puedes ayudar a los demás?

Vive una vida llena de éxitos

Cuando estés cerca de una persona que se encuentra mal anímicamente, trata siempre de aconsejarle lo mejor. Lo primero que debes hacer, es sugerirle ayuda de un profesional. Yo siempre digo, que es bueno ir al psiquiatra. Así como uno va al cardiólogo, para mantener un control del corazón; se debe ir al psiquiatra, para cuidar la salud mental. No hay nada de malo en ir, al contrario, es muy inteligente hacerlo.

También puedes acompañar a la persona, mostrarle empatía y que sienta que no está sola. Refuerza sus puntos fuertes; muchas personas cuando se encuentran tristes, pierden el valor y cariño por sí mismos. Dile a esa persona, todos los talentos que tiene, lo bonita que es y que si toma acción, todo saldrá bien. Si esa persona quiere un poco de silencio, respétaselo, dale su espacio.

Sé siempre sincero, no muestres un discurso que parezca falso y que sea exageradamente optimista para la otra persona. Lo que debes hacer, es transmitirle esperanza, hacer que la otra persona, sienta que hay una luz al final del túnel y que la vida no es oscura; que entienda que puede cambiar su destino y comenzar a andar por el camino del éxito.
"El único requisito para ayudar es tu voluntad."

Por muy pequeña que sea la ayuda, no importa… Siempre y cuando sea sincera. No ayudes esperando obtener algo de esa persona, ayuda porque te nace del corazón. Yo he visto como algunos chicos, hacen de todo por una chica; le pagan todo y creen que la están ayudando, pero muchas veces no es así.

Primero: Estás dando el pez, pero no estás enseñando a pescar. No puedes hacer que la otra persona dependa de ti. ¿Acaso lo haces porque quieres tenerla amarrada? Pues déjame decirte,

que está muy mal de tu parte. Debes hacer, que la otra persona pueda ser independiente y valerse por sí misma. Está bien de vez en cuando, darle un empujón, pero no le puedes dar el trofeo, cuando ni siquiera ha jugado el partido.

Segundo: Algunos chicos/chicas, hacen esto porque no tienen valor. Así de sencillo, no se quieren a sí mismos; viven en el infierno, tienen un apego emocional enorme y la única forma en que se sienten útiles, es dándole de todo a otros. Lo que hacen es matarse ellos mismos, no están ayudando; porque cuando verdaderamente ayudas, lo haces sin esperar nada a cambio.

Tercero: Son muy hipócritas. Dirán que lo hacen porque les gusta ayudar, cuando en realidad lo que les gusta, es el cuerpo de la chica/chico. A la primera que la persona, no haga lo que ellos quieren, se ofenden y luego vienen los reclamos de: "Yo te lo di todo". No es que le diste todo, lo que pasó es que fuiste idiota. A mí me ha pasado, sé como se siente; sé que es una rabia tan grande, que dan ganas de explotar el planeta, pero los responsables somos nosotros.

Si de verdad hubieses querido ayudar, te diriges a donde un niño en situación de pobreza, que vive en la calle; y tratas de apuntarlo a algún centro educativo, le das ropa, te preocupas por él y haces todo lo posible, para que tenga disciplina. ¿Sabes por qué no lo hiciste? Porque preferiste dar, esperando algo a cambio.

Keanu Reeves, es uno de los actores más famosos de Hollywood, conocido por películas como Matrix y John Wick. Pero también, es conocido porque no sale mucho frente a las cámaras. No tiene lujos y su comportamiento es muy humilde. Gran parte de su fortuna, la dona a asociaciones que investigan curas contra el

cáncer, pero él a diferencia de muchos, no dice cuando las realiza; él hace sus donaciones de forma anónima.
No quiere que la gente se esté enterando de lo que hace. Él vive muy feliz, sabiendo que hace esas donaciones, no necesita reconocimiento de nadie.

Así que tú también puedes donar a fundaciones, que buscan curar enfermedades o acabar con violaciones de derechos humanos. Es muy fácil hacerlo, solo necesitas ir a la web de alguna ONG y donar la cantidad que quieras. No hace falta donar grandes cantidades, puedes donar 5 euros, si lo deseas. Puedes asistir a asociaciones que cuidan animales, también puedes donarles a ellos o bien adoptar a una mascota y darle el cariño que necesita.

Si alguien de tu entorno se muestra confundido acerca de su destino, regálale algún libro. Puedes regarle el primero de mi saga, para que esa persona comience su transformación personal. Incluso si ves a algún animal atrapado, ayúdalo y haz que salga de esa situación.

Otra cosa que puedes hacer, es ayudar a aquellos que te ayudaron. Haz algo por ellos, ellos te dieron la bendición a ti y estaría bien de tu parte, darles algo.

Puedes inculcar en los demás hábitos constructivos, que los hagan llevar una vida mejor y que los acerquen más a sus metas. Sírveles de guía, de mentor y enséñales el camino al éxito; diles que te acompañen en el camino y que juntos llegarán muy lejos. Sé un compañero fiel, acompáñalos en las buenas y en las malas, juntos pasarán por momento difíciles y juntos llegarán a la cima. No están solos, están para ayudarse.

Vive una vida llena de éxitos

Yo en una ocasión, fui con mi padre a visitar a un amigo. Ese amigo vivía en un barrio muy pobre y había logrado crear un equipo de fútbol infantil, donde los niños podían dejar todo el mal atrás y comenzar a hacer una actividad, que los hiciera mejores personas. Decidimos darle una sorpresa a todos esos niños, les regalamos balones de fútbol, para que pudieran entrenar.

Ellos no tenían dinero para comprar unos balones decentes para los entrenamientos; fuimos nosotros los que les dimos esos balones. Las sonrisas que ellos tenían en sus caras eran enormes, sonrisas de esperanza. Nos dieron las gracias y estaban contentos de que podían jugar al fútbol.

Tú también puedes darle herramientas a los más necesitados, te lo agradecerán mucho y la vida te dará premios muy grandes. Harás que ellos puedan ir a por todo en sus vidas y que hagan realidad sus sueños.

Otra cosa que puedes comenzar a hacer, es documentar tu vida. Ve haciendo videos de tu progreso, entrenamiento, lo que piensas, de todas las caídas y triunfos, de lo que haces para lograr tus metas; y publícalo en todas tus redes sociales. Habrá otra persona que se inspirará por lo que dices, incluso habrá gente que te ayudará y tú también los ayudarás a ellos.
Puedes hacer conferencias online, con las personas que tienen propósitos similares a los tuyos; así logran de esta forma, que más gente los vea y se inspiren gracias a ustedes. Te recomiendo que subas contenido de valor a tus redes sociales, haz que otros se inspiren gracias a ti. Mantente constante y por nada del mundo te rindas.

Felicidades por llegar hasta aquí, desde ahora serás una persona, capaz de iluminar la vida de los demás. No te rindas, eres esa persona que puede cambiar la vida de otra. Tienes un gran corazón y el mundo entero, debe ver toda la bondad que tienes.

Así que hagamos un pequeño repaso, antes de ir al siguiente capítulo y seguir en esta aventura:

- Una de las cosas que debemos hacer en nuestras vidas, es ser guía para otras personas que van rumbo al éxito.
- Una de las mayores bendiciones que puedes brindar, no es dar dinero, es ayudar a la persona a salir del infierno.
- De nada sirve morir, sin dejar un legado; de nada sirve querer ser exitoso y no ayudar a otros. Deja el individualismo, tú tienes mucho potencial; tanto es así, que puedes salvar la vida de personas. Puedes ayudar a tu familia, amigos, incluso al mundo entero.
- Pon tu conocimiento al servicio de la humanidad.
- Ayudo al publicar mis videos, porque alguien en algún rincón del mundo, lo verá y aplicará lo que digo. Porque alguien lo va a compartir con otra persona y esa otra persona, tomará control del timón de su barco, irá rumbo al éxito.
- Cuando alguien me escribe por privado pidiendo ayuda, le pregunto por sus problemas, sueños y por la forma como se siente. Puede ser que lo que necesite esa persona, es atención de alguien por un momento.
- Podemos marcar una diferencia muy grande en la vida de muchos y no nos damos cuenta. Es posible que tú, con unas cuantas palabras de aliento, puedas evitar el suicidio de alguien.
- Ayudar a los demás te hará rico.
- Ayudar a los demás, permitirá que la gente siempre te recuerde. Dejarás un legado y hará que la vida de otros

mejore notablemente. No te lo pienses, ayuda. Hazlo siempre que puedas, la vida es corta y solo tienes una oportunidad, para poder lograr el éxito.

Así que si deseas hacer un repaso, hazlo. Toma mi mano, porque vienen cosas maravillosas para ti. Continuemos…

8 Afirmaciones

Querido/Querida lector, hemos llegado a un capítulo, que desde hace tiempo he querido mostrarte. Desde el primer tomo de esta saga, te he mencionado varias veces, sobre las afirmaciones. En este capítulo, vamos a usar el poder de tu mente, la vamos a reprogramar, para que esté contigo en el camino del éxito. Esta reprogramación, hará que manifiestes prosperidad en tu vida. Todo lo que deseas, se puede hacer realidad y para eso, usaremos afirmaciones. Para manifestar físicamente lo que quieres. Ese trabajo, ese amor, ese sueño… se hará realidad; es más, ya es una realidad. Ya está contigo, solo falta que lo manifiestes físicamente en tu vida. Pensarás que todo esto es una mentira, que te estoy lavando el cerebro o que es una historia de ficción. En cierta forma, sí te estoy lavando el cerebro; mejor dicho, tú te estás lavando el cerebro, de toda la suciedad que ha entrado durante todos estos años. Vas a limpiarlo, para que alcances el éxito que estás trabajando ahora mismo.

Necesitaré toda tu atención en este capítulo, es muy importante que captes todo el conocimiento, que te voy a revelar a continuación. Todo poder requiere una gran responsabilidad, debes usar toda esta información, para tu bien y el bien de la humanidad. Esto es algo que se ha practicado durante miles de

años, nuestros ancestros lo hacían, los grandes millonarios lo hacen y tú también lo harás.

Durante mucho tiempo, te has repetido miles de cosas en tu cabeza. Te has dicho: "*soy gordo, feo, pobre, me siento mal, no sé lo que hacer, la vida es una mierda…*" ¿Sabes lo que ha pasado? Que todo eso que te has dicho internamente, se ha manifestado. En cambio, cuando te dices: "*Soy una persona segura, la gente me ama, cumplo mis metas…*", en tu vida se van a manifestar estas cosas. Debes tener mucho cuidado con lo que te dices. No puedes decirte cosas negativas, porque cuando te las dices, suceden cosas negativas en tu vida. Por eso, debemos cambiar tu programación mental y poner un nuevo programa, el programa que tiene una persona con una vida llena de éxitos.

Tú y yo nos podemos entrenar para creer algo, ese algo es el éxito. Hay que creer para poder tener. Debes creer que ya tienes todo lo que quieres en la vida, debes sentirlo como si fuera parte de ti, porque cuando haces esto, es cuando todo viene a ti.

Como te dije anteriormente, nuestra mente condiciona nuestra realidad. Cuando yo era niño, mi padre me decía, que la mente gobierna sobre el cuerpo. Si tú cuando te sientes mal, te repites constantemente lo mal que estás, te sentirás peor y tu salud empeorará. En cambio, cuando logras cambiar este pensamiento y comienzas a repetir, sentir y a visualizar que estás bien, el estado de tu cuerpo cambiará, te sentirás mejor y tu salud mejorará. Gran parte del éxito está en nuestras mentes, nosotros podemos hacer lo que queramos, si tenemos el programa mental adecuado. Por eso muchos ricos, vuelven a ser millonarios, a pesar de hundirse en la banca rota; ellos por dentro, nunca han dejado de ser ricos y lo que termina pasando, es que logran levantar toda su fortuna,

incluso llega a ser más grande que antes; porque han aprendido de sus errores y saben lo que tienen que hacer. Ponen su foco en la meta, hasta conseguirlo. Nunca se distraen en cosas que no les aportan, se repiten constantemente que lo van a lograr y lo logran.

Lo que tú ves, no es lo mismo que yo veo. Todos tenemos una realidad distinta. Lo que pasa, es que tenemos muchas cosas en común; y eso nos permite entendernos al comunicarnos. No nos damos cuenta, pero la verdad, es que no percibimos el mundo igual, tú lo percibes de una forma y yo de otra.

"La cuestión es, que nuestra mente interpreta la realidad; ya que el cerebro comprende de manera particular lo que ve. Nuestra visión de la realidad, está condicionada por la manera en cómo interpretamos lo que vemos, nuestra realidad se forma en nuestra mente".

La realidad que tienes en tu salud, dinero y amor, es producto de lo que le has dicho a tu mente. Ella ha acatado tus órdenes y ha manifestado en tu vida, lo que has estado pensando. Así que quiero que por un momento, pienses en todo lo que te has dicho, aquello que te ha pasado y lo que tienes. ¿Ves como tu mente ha creado tu realidad? Hemos visto la importancia que tienen los hábitos, porque estos condicionan tu día y por tanto, también tus metas. Si tienes buenos hábitos, consigues lo que te propones; en cambio, si tienes malos hábitos, no alcanzas aquello que deseas.

También tenemos hábitos de pensamiento, que condicionan lo que manifestamos. Si tú piensas en soluciones, oportunidades y prosperidad, eso es lo que vas a tener en tu vida. Por eso anteriormente, hice mucho énfasis, en la mala información que

recibes y en la importancia de leer libros, porque cuando recibes buena información, estarás acostumbrado a pensar bien; y es ahí, cuando la magia aparece en tu vida.

La realidad con la que convivimos, es una simulación creada por nuestro cerebro, por medio de nuestros pensamientos; que se puede acercar más o menos a la realidad exterior. Cuanto menos sesgados estén nuestros pensamientos, más nos acercamos a la certeza. <u>En otras palabras: Si estás alejado de malos pensamientos, tu mente estará más cerca del éxito.</u>

Cuando hemos sido educados en base a prejuicios, nos alejamos de lo bueno. Pensar es como respirar, lo hacemos en piloto automático. Nosotros tenemos pensamientos, que no se corresponden con la realidad del momento, estos pensamientos son conocidos como pensamientos deformados. Son ideas que nos vienen a la cabeza y nos limitan de hacer ciertas cosas, nos llevan a cometer errores e influyen en nuestro estado emocional. Aquí lo que tenemos que hacer, es pensar bien, porque cuando pensamos bien, podemos influir en nuestras acciones; estas acciones cambiarán tu realidad y verás como finalmente, cambia tu vida; vives una vida llena de éxito.

Repite conmigo: Yo soy una persona con una vida llena de éxitos. **Estoy muy feliz y agradecido, por todos los éxitos que tengo en mi vida.**

Lo que pensamos de nosotros mismos y de nuestra experiencia, es lo que nos crea los problemas de ansiedad, depresión, etc., y es ahí, cuando caemos en el infierno. Por eso, lo que debes hacer, es cambiar tu caja de pensamientos, porque cuando la cambias por una caja mejor, llegas a ser un ganador.

Vive una vida llena de éxitos

PENSAR + CREER + SENTIR + VISUALIZAR = MANIFESTACIÓN DE COSAS BUENAS EN TU VIDA.

Tú puedes entrenarte para creer algo. En este caso, te vas a entrenar, para comenzar a creer en tus sueños y cambiarás tu voz interna.

¿Sientes que tu voz interna te limita cuando vas a por algo? Si es así, es que necesitas crear una nueva voz interna; y esto lo vas a hacer, con el uso de afirmaciones. Las afirmaciones debes repetirlas una y otra vez, debes usar tu cuerpo entero cuando las dices. Debes moverte y creer fuertemente en lo que dices.

"Ahora activo todo mi poder, para dar lo mejor de mí y obtener toda la abundancia del mundo. Las puertas de la victoria se abren, yo entro y aprovecho la oportunidad".
Siéntelo, vívelo y exprésalo. Hazlo todos los días, mírate a los ojos en el espejo y repítelo. Dilo al levantarte, en la ducha; verás como ese poder se activa, para que obtengas toda la abundancia del mundo.

La prosperidad es resultado de una mente abierta. La abundancia es una actitud que adoptas; vives en abundancia, actúas en abundancia, pase lo que pase lo haces, porque sabes que eso es lo que quieres y tienes en tu vida. Tienes toda la abundancia del mundo y debes estar agradecido por eso. Cuando vas por la vida enfocado en lo que te falta, vives en el infierno. Cuando vives agradecido de todo lo que tienes, (agradece también antes de tener), verás como se manifestará en tu vida, estás mejor y la prosperidad llega. Cuando le mandas mensajes de carencia a tu cerebro, lo único que verás en tu vida, es escasez. Cuando optas por agradecer y bendecir a los demás, los mensajes que llegan a tu

mente son positivos, los que llegan a los demás también, siendo ahí cuando todos logran manifestar prosperidad.

Deja la mala costumbre de buscar defectos… Celebra todo lo que tienes.

Debes tener exceso de gratitud: Esto debe ser un hábito, tu corazón se abre, los demás sienten tu energía. Toma una hoja en blanco y en la parte de arriba, pon tus agradecimientos del año en curso. Luego, enumera todas las metas que has logrado, cuando termines te sentirás bien.

Asume la responsabilidad de todo lo que has creado en tu vida: Asumir la responsabilidad, es tener el poder de cambiar. Debes asumir que todo lo que tienes, es resultado de lo que has pensado; asume que tus pensamientos han influido sobre tu realidad. Asume la responsabilidad, de que debes usar el poder de las afirmaciones, para vivir una vida mejor.

Disfruta del proceso: La verdadera prosperidad, debe venir de disfrutar del viaje. Cada vez que practiques las afirmaciones, debes divertirte; estás cambiando tu mente, es como un videojuego. Disfruta de lo que haces, ya que vas a tener mejores resultados. No sabemos lo que sucederá mañana, ten claras tus metas y repítete a ti mismo, lo maravilloso que eres.

Vivir como si: Vive como si lo que quieres ya lo tienes. Vive como si eso, ya es parte de tu vida. Siente como si ya hubieras conseguido ese yate, que siempre has querido. Cuando engañas a tu mente, con este tipo de afirmaciones, tu mente lo procesa como si fuese su realidad. ¿Y qué sucede entonces? Que como resultado, tu programación mental cambia y comienzas a atraer eso a tu

vida. Los pensamientos y las acciones que tomas, te llevarán a donde quieres estar. Ponlo a prueba, ten fe y comprueba como esto funciona. No solo basta con pensarlo, necesitas llevarlo a la acción, aplicando todo lo que estás aprendiendo.

Tú atraes lo que toleras. Necesitas verte como si ya tienes ese objetivo, necesitas convertirte en la persona que cumple con esos objetivos. Nosotros estamos afectados por lo que sabemos, por lo que no sabemos y la acumulación de conocimiento.

Nos afectan también nuestros sueños, el significado de estos y nuestra visión a futuro. Los sueños son un empuje que tenemos, para afrontar el futuro. Nosotros no estamos aquí, para vivir en el pasado. El futuro debe motivarte, debes estar motivado por todo lo que vas a conseguir; y decirte a ti mismo, que ya lo has conseguido.
Nuestros sueños y metas, se deben convertir en imanes. Cuanto más fuerte sea el objetivo, mayor es el propósito; cuanto más fuerte sea el objetivo, más fuerte es el imán que te empuja en dirección al éxito. Ese empuje, es el que te motiva en los días oscuros, te da el sprint, para seguir en el camino y alcanzar la victoria.

Actúa siempre, como la persona que ha conseguido esos objetivos, que se ha propuesto. Si haces esto, ese objetivo se hará realidad. Los seres humanos, son el único ser vivo en la tierra, que tiene la capacidad de cambiar su rumbo en la vida. Dile a una cucaracha que consiga una casa, a ver que hará…

¿Dónde quieres estar en 5 años?
Diseña un buen destino, porque ese destino es el que vas a visualizar, cuando digas tus afirmaciones. Si empiezas pronto, toda la fortuna será para ti, así que no hay excusas.

Vive una vida llena de éxitos

Yo deseo para ti, que llegues a un buen destino. Un sitio de productividad, que te haga sentir bien y orgulloso. Vas en dirección, a lo que tienes delante de ti, diseña el final del camino. Tú enfrentas ese final, por ello, ese final debe ser maravilloso, es el que vas a visualizar, es tu paraíso. La dirección determina el destino. No puedes cambiar el destino de la noche a la mañana; no puedes llegar mañana por arte de magia a donde quieres. Pero lo que sí puedes cambiar, es la dirección, los hábitos que tienes, tu forma de aprender, etc. Puedes cambiar tu forma de pensar y esto hará que llegues allí.

El momento para ser feliz es ahora: No esperes a tener lo que quieres. Si estás esperando para ser feliz, nunca lo serás. Si estás esperando a ser el mejor policía, abogado, empresario, atleta o doctor, nunca lo serás; porque siempre estarás inconforme. El momento para ser feliz, es ahora o nunca.

"DISFRUTA LO QUE HACES."

¿A qué te dedicarías, si el dinero no fuese un problema en tu vida?

Ve y dedícale un poco de tu tiempo a eso. Te cargarás de energía y tus afirmaciones serán mas poderosas. Por ejemplo, yo a veces me pongo a tocar algún instrumento o me pongo a practicar programación web, porque es una forma de "desconectar"; estoy desconectando, pero a la vez, estoy aprendiendo. Gano más energía y cuando practico alguna afirmación, de alguna meta que tengo en específico, tiene más impacto en mí.

Debes sentir y pensar que el dinero es bueno, que tener mucha salud es bueno, que tener mucho amor es bueno. Debes sentir y pensar, que la abundancia es lo mejor que puedes tener en la vida.

Vive una vida llena de éxitos

Haz la paz con el dinero. Gústate a ti mismo, siente que tienes mucho valor.

Persigue la misión de tu vida, que ya el dinero llegará. Con las afirmaciones y la toma de acción, todo es posible.

"Enfócate en tu sueño, no en el dinero"
Cuando inicié mi proceso de transformación personal, en mi última depresión, fue cuando comencé a aplicar las afirmaciones. Escuchaba audios con frases, que se quedaban en mi mente y que hacían que mi actitud y acciones fuesen diferentes. Comencé a decirme a mí mismo, que yo era una persona maravillosa, un imán para el amor, dinero y salud.

Esto lo repetía en mi casa, en la escuela internamente y también, cuando hacía ejercicio. Cuando involucraba todo mi cuerpo, energía y visualización en mis afirmaciones, todo cambiaba. Mi estado físico cambiaba, mi estado de ánimo también y tenía más ganas de conquistar al mundo. A medida que lo iba practicando todos los días, en voz alta y por escrito, mi fe iba creciendo; cada día creía más en que podía salir de esa situación y cumplir mis metas. Las afirmaciones me hicieron ver, que todos debemos cumplir con nuestro propósito, que estamos aquí por algo y que podemos hacer realidad todo lo que soñamos. Si estamos aquí, es porque vinimos a brillar.

No necesitas saber como lo vas a hacer, solo necesitas saber que lo vas a hacer.

Escribe tu sueño, por ejemplo: "Ser millonario".
Ahora escribe tu sueño como si ya lo tuvieras, por ejemplo: "*Estoy muy feliz y agradecido de que ahora mismo soy millonario*".
Ya tienes todo lo que necesitas, tú tienes todo el poder necesario. En

la escuela te engañaron, te hicieron creer que no estás preparado, que eres un "don nadie" y que debes tener mucho miedo. No sigas lo que dicen y hacen en el sistema educativo, sigue lo que dicen y hacen las personas de éxito. Somos la creación perfecta, tenemos la habilidad de crear nuestro propio ambiente. Tú puedes crear la vida que quieres.

Recuerda: **QUERER = PODER.**

¿Qué es lo que realmente quieres?
Ok… Lo vas a lograr. ¿Sabes por qué? Porque tienes un ADN espiritual perfecto, capaz de atraer toda la abundancia a tu vida. Si quieres hacer algo de una mejor manera, como por ejemplo, una receta que quieres perfeccionar, lo puedes hacer. Porque tú tienes todo lo necesario para hacerlo. No importa donde estás ahora mismo, enfócate en quien eres y en lo que estás haciendo.

Cuando empecé con las afirmaciones, yo tenía mucho miedo. No me funcionaban porque tenía miedo, de que todo siguiera igual en mi vida. Mi fe en ocasiones, se veía muy influenciada por mi miedo. Ese miedo, no me permitía decir con poder las afirmaciones. Cuando tienes miedo al decir una afirmación, no puedes cambiar la programación de tu cerebro, ya que sigue interpretando que todo está igual.

MIEDO NO - - > FE SÍ

La causa de mi miedo era la ignorancia, no sabía todavía como las afirmaciones, podían cambiar mi vida. ¿Qué fue lo que hice? Estudié a personas que ya tenían resultados, que todas las mañanas practicaban las afirmaciones, como parte de su ritual matutino. La vida es mágica, todo sucede a su ritmo; tenía miedo

también de no ver resultados rápido. Y si estás pensando que con las afirmaciones, podrás cambiar tu vida en 2 horas, estás en lo incorrecto.

¿Estás dispuesto a perseguir algo por 20 años sin resultados? Es decir, estar sin haber conseguido tu meta, pero que luego de esos 20 años, ya la habrás conseguido. Si no estás dispuesto, lamento decirte que el éxito no llegará a ti. Necesitas constancia; cuando entendí que debía practicar las afirmaciones todos los días, sin importar lo que pudiera pasar, fue cuando mi vida comenzó a cambiar.

Te vas a tener que enfrentar a decisiones. Todas las personas de éxito deciden rápido. Las cambian de forma muy lenta y cuando las cambian, las cambian por completo. Las personas que no son exitosas, es decir, que no tienen mentalidad de ganador, toman de manera muy lenta las decisiones; y las cambian muy rápidamente, en un periodo corto de tiempo. Yo al principio, practicaba las afirmaciones de vez en cuando o las decía por decir, sin realmente sentirlas. No cometas el mismo error que yo cometí; quiero que hagas las afirmaciones bien, como las hacen las personas de éxito.

Al principio, las practicaba solo los fines de semanas. Lo hacía sin ganas y no tenía disciplina al hacerlo. Cuando comencé a ser constante y a hacerlas todos los días, fue cuando empecé a ser una nueva persona, resurgí de mis cenizas, como un ave fénix.

Ahora quiero que vayas al espejo, te mires a los ojos y digas lo que vas conseguir. CRÉETELO. Todo empieza, cuando cambias tu manera de pensar. Los pensamientos que tienes, influyen sobre tus resultados. Yo era una persona negativa, me la pasaba llorando todo el día y por más que repitiera, una y otra vez como

un loro, las afirmaciones no me funcionaban, porque los malos pensamientos, determinaban mis resultados y cada vez las cosas se ponían peor. Hasta que aprendí de mis mentores, que todo ese dolor yo lo debía usar como una razón, para hacer con más sentimiento las afirmaciones; ese dolor lo usé como excusa, para dejar de pensar mal y comenzar a buscar soluciones, no problemas. Hay personas que solo se enfocan en el problema, pero hay otras, que buscan la solución y la ejecutan.

Todos somos energía. Si tienes buenos pensamientos, dices cosas positivas y haces cosas positivas, tus afirmaciones te darán resultados maravillosos. En cambio, cuando estás todo el día pensando en desgracias, te la pasas quejándote, pero intentas practicar tus afirmaciones, los resultados serán horrorosos. Créeme, yo pasé por eso y estoy aquí, para que te ahorres ese problema. Tú estás en expansión y debes tener los pensamientos adecuados. Cuando estás decidido a conseguir algo, tu cerebro va hacia la energía y frecuencia adecuada. No esperes, ¿Quieres lograrlo?.

Yo me pregunté, si de verdad quería lograr salir del hueco donde me encontraba. Y sí... Yo estaba dispuesto a salir de ahí. Comencé a practicar las afirmaciones todos los días, lo hacía por las mañanas y noches. Comencé a sentirme mejor, ya mi ánimo no estaba por los suelos, como al principio. Cada vez que me repetía las afirmaciones, esas palabras iban entrando más y más en mi mente; y cada vez me las iba creyendo. ¿Qué sucedía? Que mis resultados comenzaron a cambiar, mis relaciones cambiaron y mis metas también.

Pasaron los meses y cuando iba a entrenar, me sentía alegre, sabía que era una persona poderosa. Las afirmaciones me ayudan

tanto, que cuando escucho algo negativo, lo rechazo. Mi mente no tolera la negatividad, porque he cambiado la programación que tenía e instalé la programación del éxito, cada día la voy mejorando. Mi progreso fue exponencial, descubrí mi propósito de vida y ahora estoy escribiendo este libro para ti.

Las afirmaciones te pueden ayudar, a descubrir tu razón de ser. Vas en la dirección adecuada y comienzan a surgir las cosas necesarias, para que tu sueño se haga realidad. Si no hubiera hecho las afirmaciones, estaría muy mal… Incluso, no sé que sería de mi vida, probablemente, no estaría donde estoy ahora mismo. Fui fuerte y tomé la decisión de implementarlas todos los días, las escribía y repetía en voz alta y también internamente.

Repite conmigo: **YO SOY UNA PERSONA DE ÉXITO, YO SOY UNA PERSONA DE ÉXITO, YO SOY UNA PERSONA DE ÉXITO.**

No tengas miedo al decir las afirmaciones. Muchas personas se sienten así, porque tienen miedo de que no funcione y eso es lo que termina pasando; el miedo hace que no consigamos lo que queremos. Cambia tus creencias, deja de estar creyendo que no lo lograrás y cree que ya lo has logrado. Quizás te quejes, de que no lograste tal o cual cosa, por falta de recursos. La falta de recursos no es un problema, el problema es que no encontraste la solución. Creatividad, amor, PASIÓN, esos son los recursos que necesitas y que usarás a continuación, con las instrucciones que te daré. Las personas de éxito encuentran la solución.

Lo que te limita de obtener lo que quieres, es lo que te dices a ti mismo. Cuéntate una buena historia, invéntate cosas positivas y cuéntatelas a ti mismo, como algo que sucedió, te motivarás e irás

a por ello.

Así que ahora, vamos a comenzar a aplicar las afirmaciones. Prepárate, porque te revelaré secretos muy poderosos, que cambiarán tu realidad por completo. Vamos a ir paso a paso, en este tema de las afirmaciones, quiero que apliques todo lo que te voy a decir, es la mejor forma para que obtengas resultados. Así que presta atención y no dejes escapar esta oportunidad única en tu vida.

Como primer punto a destacar, vamos a practicar la técnica del 55x5. Entiende que tus pensamientos y palabras, no se las lleva el viento, como mucha gente te ha hecho creer. Todo lo que dices se manifiesta. Para esta ocasión, quiero que manifiestes algo, como alguna prenda de ropa o plato de comida especial, que quieres tener en los próximos días. Para este ejercicio, debes estar con las vibras muy altas, debes tener fe, estar alegre y por nada del mundo, quejarte o poner excusas. Para aplicar esta técnica del 55x5, debes estar concentrado durante 5 días. Busca una libreta en blanco o cómprate una, esa libreta solo será para escribir afirmaciones. Esto es OBLIGATORIO.

El ejercicio consta de estar 5 días, escribiendo 55 veces la afirmación. Vas a pensar en el deseo que quieres atraer: amor, trabajo, ropa, comida, etc. Fija tu deseo y ponlo en una frase, agradeciendo en presente, como si eso hubiera sucedido. *"Estoy muy feliz y agradecido…"* Por ejemplo, yo antes de escribir este libro, practiqué el 55x5. Escribí 55 veces, durante 5 días seguidos: *"Estoy muy feliz y agradecido, ahora que estoy escribiendo una saga best seller".* Y aquí estoy, tienes mi libro en tus manos. Al escribir tu frase, debes ponerle emoción. Ponlo en presente y siéntelo con todo tu cuerpo, desde tu corazón, brazos, piernas y que fluya esa energía por tus dedos. Si lo haces en futuro, es que nunca llegará ese futuro. Ponlo en presente y llegará a tu presente. Siéntete feliz durante esas 55 veces, esos 5 días… Siéntete siempre feliz. El 55x5, es un número mágico, por eso no te pongo ningún otro numero.

Cuando tus sentimientos y palabras, están en concordancia durante 17 segundos, es cuando comienzas a atraer cosas a tu vida. Esta técnica te ayuda a mantener esos 17 segundos, debes repetirlo y nunca dejar de sentirlo; recuerda sobre todo escribirlo a mano. Sé que te vas a quejar y sé que dirás que es mucho para ti, pero cuando haces esto, significa que de verdad, estás dispuesto a conseguir tu deseo e inevitablemente, el deseo se manifestará gracias a tu acción. Es muy importante, que lo hagas en un momento que estés solo, sin el móvil, sin distracciones. Visualízalo mientras lo escribes. Le darás poder y fuerza, debes hacerlo sin parar, nada de descansos. Si te perdiste durante la escritura, debes empezar de nuevo; incluso si no logras hacerlo ese día, debes empezar de nuevo todo el proceso. No puedes escribir por escribir, esto no es una tarea del colegio, aquí debes generar todo el sentimiento y visualización, para materializar tu deseo.

Muchos lo consiguen, porque logran estar concentrados en el proceso. Si no te sientes bien, lo mejor es que te detengas y hagas todo de nuevo. Si no consigues en 5 días el deseo, no te preocupes; esta técnica te ayuda a acelerar el proceso, repítelo todas las veces que quieras.

Tú puedes manifestar TODO con tus afirmaciones. Atraemos lo que repetimos en la mente. Va a costar tiempo, el hacer que tu mente entre en el programa del éxito, pero a medida que

hagas las afirmaciones, todo irá cambiando. Repite: YO SOY MILLONARIO. Visualízate millonario, siente que eres millonario.

Es importante que consumas buena información, esto lo vimos ya anteriormente. Es bueno también, que hagas meditaciones, donde te relajes y proyectes imágenes de éxito, visualiza lo que quieres en tu vida. Entre más lo repitas, tu mente más se lo creerá. En breve, te recomendaré una meditación, que te ayudará MUCHÍSIMO.

Afirmaciones diarias:

- Repite de 3 a 5 veces, cada afirmación que previamente ya definiste. O puedes hacer una sesión de afirmaciones, de 5 a 10 minutos.
- Hazlo al despertar y antes de dormir, frente al espejo y viéndote a los ojos.
- También puedes hacer las afirmaciones que te acuerdes, durante el día.
- Diviértete en el proceso.
- Usa palabras como: "En este momento, actualmente, en este instante".

Los 17 segundos:

Abraham Hicks, es una oradora y escritora estadounidense, famosa por sus libros sobre la Ley de la Atracción, ha desarrollado la técnica de los 17 segundos. Abraham Hicks, dice que un pensamiento obtiene el poder suficiente, cuando centras tu atención durante 17 segundos. 17 SEGUNDOS DE CONCENTRACIÓN PURA. Ese pensamiento atraerá a otro, que por efectos de la ley de la atracción, será más poderoso. Al final

de otros 17 segundos, el pensamiento evoluciona y alcanza un nivel más poderoso.

Si agregas otros 17 segundos, continua el proceso. Si logras llegar a un total de 68 segundos, entonces habrás hecho un buen trabajo y ese deseo, está en camino de manifestarse. El secreto en esta técnica, es el enfoque positivo puro, sin ataduras, sin permitir que en este lapso de 68 segundos, entre en tu mente un pensamiento de negatividad. La persona promedio, rara vez finaliza una afirmación. Dicen: "Quiero tener mejor salud…, pero no tengo tiempo". Lo que hacen, es que dicen afirmaciones de carencia y su vida sigue siendo la misma, incluso peor.

Usa esta técnica de los 17 segundos para tus afirmaciones, visualiza, escríbelas, repítelas en voz alta y siente que ese deseo ya está en tu vida.

Puntos a tener en cuenta para las afirmaciones:

- Empieza por "YO SOY".
- Utiliza el tiempo presente.
- Habla de lo que quieres, pero no digas: "Quiero tal cosa". Recuerda que ya lo tienes en tu vida.
- Hazlo simple.
- Específico.
- Mantente presente contigo.
- Las afirmaciones son para ti.

Repite conmigo, la afirmación que hace Tony Robbins todos los días: *"Ahora exijo a mi mente subconsciente, que me dirija a ayudar, a tantas personas como sea posible, a ayudar a la vida de muchas personas. Dame la fuerza, la emoción, la persuasión, el*

humor, la valentía, dime todo lo que sea necesario, para cambiar sus vidas ahora."

Para reforzar estas afirmaciones, te voy a dar una meditación, que te ayudará mucho, para cambiar tu programación mental. Intenta hacerla todos los días antes de dormir; y haz que la meditación entre en tu mente, visualiza cada detalle, siéntelo y sobre todo evita distracciones.

Ahora te voy a dar, el próximo ejercicio que debes hacer. Lo que vas a hacer, es agarrar una libreta que se va a convertir en tu diario del futuro. Vas a escribir todo lo que quieres en la vida, tus objetivos, sueños, como si ya hubieran pasado. Al hacer esto, te sugiero que lo sientas, que lo visualices al escribirlo y que des todos los detalles posibles; describe todos los detalles del momento vivido, debes ser muy explícito, para que estas imágenes se vayan grabando en tu mente y esta lo interprete, como si fuese la realidad. Te pongo un ejemplo: *"Hoy ha sido un día maravilloso, fue un día muy soleado, sentía por toda mi piel el calor del sol. Me levanté contento, al fin iba a hacer mi sueño realidad. Me metí rápidamente en la ducha y comencé a hacer las afirmaciones de la mañana, me enchufé de energía, me sentía poderoso, me sentí como un ganador. Me puse lo mejor que tenía en mi armario, agarré una camisa blanca, un pantalón de vestir y una americana muy bonita que tengo. No desayuné, ya que tenía planeado, hacerlo después de recoger mi coche. Fui al concesionario de Ferrari y mi coche estaba ahí, esperando. Cuando lo vi, me volví loco; su color rojo brillante me cegaba la vista… Era increíble. Logré tomar los documentos del coche y lo conduje rumbo al restaurante donde iba a comer. Me sentí maravilloso, mi sueño se ha hecho realidad."*

Haz algo parecido, con lo que sea que quieras en tu vida. Toma como referencia lo que he escrito. Tómatelo en serio, estás creando tu vida. Este es un ejercicio muy poderoso de afirmaciones, verás como con el tiempo, irás obteniendo resultados. No es necesario que compartas esto con la gente, esto es algo privado. Te dije que escribir es muy importante para tu vida, y en este ejercicio, estás usando el poder de la escritura y de las afirmaciones, para poder determinar tu destino. Tienes el poder de hacer todo lo que quieras, tienes el poder de hacer tus sueños realidad.

Vive una vida llena de éxitos

Tú también puedes crear tus propias afirmaciones, tomando como ejemplo, las que te he dado y las que te daré. Mantente creativo y atrae lo que quieres en tu vida.

Es importante ser creativo, usar tu imaginación. Trata de hacerlo todos los días, no hace falta que escribas mucho, pero lo que sí te recomiendo, es que seas constante. Escríbelo sintiéndote bien y luego haz una meditación, visualizando todas las imágenes, sintiendo todo los detalles, que previamente has escrito. Hazlo y obtendrás resultados.

<u>Ejercicios de visualización y afirmación:</u> A continuación, te voy a dar una serie de ejercicios diarios, que puedes implementar a partir de hoy. Presta mucha atención y que no se te escape ninguno.

Escribe en un papel, la frase que más te motiva y que te inspira, pon el papel en el espejo de tu baño o en la nevera: Siempre que vayas a mirarte en el espejo o que vayas a comer, debes leer y ver tu frase favorita.

Mira a un punto fijo: Ponte a mirar durante 2 minutos, un punto fijo. Hazlo para concentrarte y después, haz afirmaciones y una meditación.

Música: Coloca una música que te motive, ponte de pie, saca el pecho, hombros atrás, cabeza elevada y una sonrisa muy grande en tu cara. Visualiza la persona que quieres ser, con tus sueños logrados. Ponle detalles, para que esta visualización sea poderosa. Cuando termines de escuchar la música, grita: **SÍ PUEDO, SOY CAPAZ Y ME LO MEREZCO.**

Vive una vida llena de éxitos

Afirmaciones poderosas:

- Yo soy una persona extraordinaria.
- Soy guapo/guapa.
- Me acepto, me amo y me cuido.
- Mi cuerpo es mi templo.
- Mi mente está programada, para alcanzar el éxito.
- Yo soy millonario/millonaria.
- Yo cumplo con mi propósito de vida.
- Yo soy una persona carismática y amada.
- Yo aporto valor al mundo todos los días, ilumino con mi luz.
- Yo soy un gran profesional.
- Soy el mejor.
- Yo soy una persona con potencial ilimitado.
- Mi mente me da el poder de hacer lo que quiera.
- Soy capaz de manifestar lo mejor.
- Yo amo a las personas.
- Yo soy riqueza.
- Yo soy vitalidad.
- Yo soy amor.
- Yo marco la diferencia.
- Yo soy una persona íntegra.

¡Felicidades! Has aprendido el gran poder que tienen las afirmaciones. Practícalas todos los días, si tienes disciplina en esto, obtendrás resultados en tu vida. Quiero que estés orgulloso de ti, has logrado aprender un secreto, que va a cambiar tu vida por completo. Cuando entendí, todo lo que yo podía manifestar en mi vida, si hacía bien las afirmaciones, supe que debía hacerlas y me alegré mucho. Con el tiempo, cuando se fueron manifestando las cosas, que yo previamente había dicho en mis afirmaciones y que había visualizado, me alegré mucho más y a día de hoy, las sigo haciendo. Así que hagamos un pequeño repaso, de lo que

aprendiste en este capítulo.

Aprendiste que:

- Todo lo que deseas, se puede hacer realidad; y para eso, usaremos afirmaciones, para manifestar físicamente lo que quieres.
- Nuestra mente condiciona nuestra realidad.
- Gran parte del éxito está en nuestras mentes, nosotros podemos hacer lo que queramos, si tenemos el programa mental adecuado.
- La realidad que tienes ahora en tu salud, dinero y amor, es producto de lo que le has dicho a tu mente. Ella ha acatado tus órdenes y ha manifestado en tu vida, lo que has estado pensando.
- Lo que pensamos de nosotros mismos y de nuestra experiencia, es lo que nos crea los problemas de ansiedad, depresión, etc., y es cuando caemos en el infierno.
- **PENSAR + CREER + SENTIR + VISUALIZAR = MANIFESTACIÓN DE COSAS BUENAS EN TU VIDA.**
- La prosperidad es resultado de una mente abierta.
- Vive como que si lo que quieres, ya lo tienes. Vive como si eso ya forma parte de tu vida. Siente como si ya hubieses conseguido ese yate, que siempre has querido.
- Todos somos energía. Si tienes buenos pensamientos, dices cosas positivas y haces cosas positivas, tus afirmaciones, te darán resultados maravillosos.
- No tengas miedo al decir las afirmaciones, muchas personas se sienten con miedo al decirlas, porque temen de que no funcione y eso, es lo que termina pasando; el miedo hace que no consigamos lo que queremos.
- **Te recomiendo que hagas un pequeño repaso de este capítulo.**

Vive una vida llena de éxitos

Prepárate, porque vienen cosas muy buenas en el siguiente capítulo. Tus relaciones personales, van a cambiar por completo; te juntarás con personas que valen la pena, que te aportan valor y que no te roban en la vida. Sígueme y vayamos a ello.

¿Vamos?

Reto 19 días

Tareas que debes realizar, antes de hacer el reto durante los 19 días siguientes:

Diario de experiencias: Busca un cuaderno donde plasmarás tus experiencias, reflexiones, aprendizajes; será donde verás el progreso de tu desarrollo personal. Antes de dormir, tienes que contestar las siguientes preguntas:

¿Qué he hecho?
¿Qué he hecho bien?
¿Qué he hecho mal?
¿Qué puedo mejorar la próxima vez?
¿Qué he aprendido?

Este diario te ayudará a auto evaluarte, medirás tu progreso, para cada día estar más cerca de tus metas.

Carta de compromiso: Quiero que te comprometas contigo, de forma escrita, a realizar este reto durante los siguientes 19 días. Cuando escribes una carta declarando tus intenciones, estás dando dirección a tu mente subconsciente, para que vaya por el camino del éxito. Agarra una hoja en blanco, es ahí donde vas

a declarar tus intenciones, firmarás un pacto de lealtad contigo mismo.

La carta debe llevar un autor, en este caso tú. Pon el nombre completo, edad, lugar de nacimiento, fecha de nacimiento y fecha de cuando estás escribiendo la carta.

Pon lo que vas a hacer, por ejemplo: voy a cumplir con todos los retos, me superaré y cada día, antes de dormir, responderé las preguntas de mi diario de experiencias. Escribe lo que vas a conseguir, por ejemplo: más amor, dinero, confianza, autoestima. Y por último, sé estricto contigo, escribe lo que pasará si no cumples con tu palabra. Lee la carta todos los días y recuerda que debes cumplir contigo mismo.

Día 1: Vas a salir a la calle y buscarás contacto visual con un mínimo de 10 personas. Si quieres complicar el reto, propón a alguien que te mire fijamente sin parpadear, el primero que lo haga, paga una bebida.

Día 2: Vas a salir como el día anterior y saludarás sin hablar. Harás contacto visual y saludarás. Tienes que hacerlo con un mínimo de 20 personas. Sonríeles y realiza algún gesto con la mano.

Día 3: Te vas a duchar con agua fría. Nuestro cuerpo y mente se paralizan, cuando queremos meternos en el agua fría, lo mismo hace cuando queremos hacer algo nuevo. El agua fría mejora tu circulación sanguínea, rejuvenece la piel, aumenta tu energía, fortalece el sistema inmunológico y mejora tu humor. Te pido también, que hagas las afirmaciones, mientras te das la ducha. No te limites, hazlo y podrás hacer cosas más grandes.

Día 4: Vas a acercarte a 5 chicas/chicos, e iniciarás una

conversación diciendo: "Hola, quiero que me rechaces". Si te llega a preguntar, dile que estás superando tu miedo al rechazo y que te encuentras en un proceso de transformación personal. La mejor forma de superar nuestros miedos, es enfrentándolos.

Día 5: ¿Cuál es la historia más graciosa de tu vida? Quiero que la escribas con lujo de detalle en un papel, que tenga carga emocional cuando la digas. Léela hasta memorizarla, sal a la calle e interactúa con 5 personas. Diles: "Hola, quiero contarte algo…" y cuenta la historia.

Día 6: Quiero que te acostumbres a ver las cosas positivas de las personas. Así que vas a piropear a 20 personas que te encuentres por la calle y destacarás, algo de su vestimenta o personalidad.

Día 7: Vas a ir a un sitio con mucha gente, seleccionarás un libro de tu biblioteca y leerás en alto. Dejarás el miedo, sobre lo que la gente piense de ti.

Día 8: Saldrás a una zona con mucha gente, comenzarás a correr y gritar en voz alta "SOY UN GANADOR". Hazlo durante 30 segundos y cuando termines, presta atención a tus emociones. ¿Te sientes mejor? ¡MUY BIEN!.

Día 9: ¿Tienes miedo de acercarte a un chico o chica, y decirle que te gusta? Vas a salir hoy y te acercarás a 5 chicos/chicas, les dirás aquello que te gusta de esa persona. Sé honesto, conecta emocionalmente con la otra persona.

Día 10: Hoy vas a salir y vas a chocar las manos, con quien te encuentres. Le vas a decir "eres una persona de éxito". Comparte la felicidad interna que tienes y contagia al mundo de tu energía.

Vive una vida llena de éxitos

Día 11: Hay estudios que demuestran, que cuando una persona, tiene en la mano un objeto que está a la venta, es más probable que lo compre. En este caso, darás un objeto y harás lo siguiente. Abre la aplicación de contactos y dirígete a la opción de agregar un nuevo número.
Dile a la chica/chico: "Sujeta mi móvil".
Una vez tiene tu móvil, mírala/o a los ojos y dile: "Pon tu número".
Si ella/él dice algo, solo le puedes decir que apunte su número.
El juego acaba, cuando se vaya o anote su número.

Diviértete, estás conociendo a más personas.

Día 12: Muchas veces, las personas a las que más queremos, son a las que menos les expresamos nuestros sentimientos, ya sea por vergüenza, tal vez por miedo a que vean ciertas facetas de nosotros. Quiero que pienses, en las dos personas más importantes en tu vida, mira todo lo que han hecho por ti, el valor que te han dado y exprésales en silencio, todo el agradecimiento que tienes hacia ellas. Quiero que tomes el móvil y les llames. Vas a comunicarles lo importante que son para ti y lo que sientes por ellas. Pregúntales, qué cosas piensan de ti; y que por favor, te mencionen 3 aspectos, que puedes mejorar como persona. Para evolucionar, hay que dar amor a las personas que nos acompañan, en el camino del éxito. Mantente abierto a recibir el feedback, de aquellas personas que quieren el éxito como tú. Busca mejorar y mostrar tu mejor versión.

Día 13: Hoy vas a salir a la calle y te acercarás a 5 personas. Guardarás silencio durante 10 segundos, tendrás que usar tu lenguaje corporal para comunicarte. Luego de estos 10 segundos, podrás hablar. Gran parte de la comunicación es no verbal. De esta forma, estarás trabajando tu lenguaje no verbal y adquirirás nuevas habilidades, para tener una comunicación más efectiva.

Día 14: Cuando hacemos muchas preguntas a una persona, provocamos que se sienta incomoda; y mucho más, cuando es un desconocido. Hoy hablarás a gente por la calle, sin hacer ningún tipo de preguntas.
Por ejemplo: No le preguntes como se llama, dile que tiene pinta de llamarse Camila o Alberto. Asume, en vez de preguntar, sé chistoso. Así vas a cambiar la programación de tu cerebro, te centrarás en aportar valor en las conversaciones.

Día 15: Hoy jugarás al tira y afloja. Le dirás a alguien algo negativo, seguido de algo positivo.
"Odio tu mirada, me está volviendo loco, me siento intimidado".
"Me gusta mucho tu cabello, pero me incomodan tus zapatos, quiero tener uno como esos".
Sé espontáneo y haz que las personas, vivan una experiencia única contigo.
Día 16: Seguro que tienes una canción favorita, que la bailas sin timidez. Quiero que superes tu miedo, pon la canción en tu móvil, acércate a 5 personas y diles que necesitas algo importante; comienza a bailar con la persona, quizá seas tú, quien le alegre el día a ese desconocido. Ilumina al mundo con tu energía.

Día 17: Hoy tienes que ir a una tienda de perfumes, le pedirás a la persona que te atienda, que te ofrezca un perfume, que te haga oler sexy. Póntelo y dile: ¿Te gusto ahora? Si te dice que sí, pregúntale por su número de teléfono; si te dice que no y se ríe un poco, dile que te muestre otro. Haz que la interacción sea divertida.

Día 18: ¿Alguna vez has tenido miedo de acercarte a una chica,

porque ves que anda con otros chicos? Hoy dejarás ese miedo. Te acercarás al grupo y dirás que estás conociendo gente nueva; comentarás que estás superando tus miedos. Sé sincero y aporta a la relación. Interactúa con los chicos, puedes hacer nuevas amistades. Y si el novio está presente, dile que te gusta aprender de los demás, pregúntales cómo han tenido éxito en la relación. Sé agradecido con ellos y haz que se sientan bien acompañados.

Día 19: Muchos tenemos miedo, a los medios de transporte público. A mí me dan pánico, ando alerta todo el tiempo. Hoy alegrarás la vida de las personas, que estén en el transporte. Te aprenderás una canción y la cantarás, bailarás y vivirás. Hazlo cuando esté lleno el metro o bus. Luego de cantarla, di: Gracias a todos, los amo. Otra opción que te doy, es que des un discurso que inspire a los demás, motívalos. Puedes buscar charlas de Tony Robbins, o videos de Daniel Habif. Hazlo, alégrale el día a esas personas, han estado esperando por mucho tiempo, a que muestres toda tu grandeza.

 # Relaciones

Estás ahora mismo, frente a una sección del libro muy importante, es probable que lo quieras cerrar, porque vamos a tocar detalles muy profundos. Pero lo bueno de todo esto, es que aprenderás, vas a ser mejor y tendrás relaciones maravillosas, que van a aportar valor a tu vida y relaciones, donde tú aportarás valor en la vida de los demás. No solo hablo de relaciones de pareja, también de aquellas que puedes tener en los negocios, contactos que puedes conseguir y que te ayudarán en el futuro. En nuestras vidas, no podemos pretender estar solos por el mundo, debemos rodearnos de personas con valor, personas que van a hacernos sentir bien.

Tú debes saber relacionarte, sé que no es nada fácil. Las relaciones han sido un área de mi vida, que me ha costado mucho perfeccionar. Créeme que he sufrido mucho, lo he pasado mal y he llegado a estar solo. He aprendido de mis errores, sobre lo que está bien y lo que está mal. He aprendido que uno no puede ser tóxico y que no podemos estar con personas tóxicas. Vas a tener que dejar el ego en esta sección, si te dejas llevar por tu ego, no vas a cambiar.

Acéptalo, te has mentido y te han mentido también, durante todo este tiempo. Te han dicho que el amor es perfecto o en cambio, que el amor no existe. Te han mentido sobre los hombres y las mujeres. Estoy seguro, que personas que no tienen éxito, te han querido imponer sus reglas. Te crees que te las sabes todas pero, tienes unas relaciones pobres. Es así, te has creído la mentira de que tu entorno es lo máximo, cuando lo más probable, es que te la has pasado con perdedores, personas que viven en el infierno. No me vengas con excusas, de que te lo pasas bien con ellos. ¡NO!. O comienzas a modificar tus relaciones o NUNCA alcanzarás el éxito. No importa si eres joven y estás leyendo esto, no importa si eres hombre o mujer, no importa la edad que tengas. Lo que importa, es que aprenderás mucho en este capítulo; será importante que además, lo pongas en práctica.

No te angusties, porque vamos a mejorar tus relaciones de pareja. Vas a saber como tener una relación de pareja prometedora, que es lo que ambos tienen que hacer y como mantener el amor con el paso del tiempo. Ya no tendrás problemas con tu pareja, porque vas a saber lo que hacen las personas de éxito, en su vida de pareja. Vas a tener éxito como ellos.

Comenzarás a juntarte con gente buena, dejarás de lado a toda la gente tóxica. Aprenderás, porque es importante no compartir con personas tóxicas y sabrás a que tipo de personas, debes buscar como guía.

Y uno de los detalles más importantes, es que aprenderás a construir relaciones, para mejorar tus negocios. Te enseñaré secretos muy prácticos, para que conozcas a gente nueva; que puedas aprender de ellos y ellos de ti. Vivimos en un mundo globalizado, es muy importante que tengas esta habilidad.

No quiero que esperes más. Vamos a ello, es momento de construir

Vive una vida llena de éxitos

relaciones prometedoras. Tu momento ha llegado, tu entorno va a cambiar. Estoy contigo, te seré muy sincero, te contaré detalles que he vivido en mi vida. Si ahora tengo relaciones muy buenas, tú también puedes tenerlas. Vas a tener relaciones, que te acompañarán a vivir una vida llena de éxitos.

Cambiemos las relaciones

Tú y yo hemos sufrido desamores, nos han traicionado y hemos perdido nuestro rumbo. Hemos dejado de hacer todo, hemos llegado a dejar de lado nuestras metas, para darle todo el amor que teníamos a esa persona. Hemos sufrido a un punto tal, que hemos tenido ganas de morir. Nos hemos arrastrado por personas que no valían la pena, hemos visto como nuestras relaciones, ya sean amorosas o profesionales, se caían en pedazos. Nos ha matado el rencor, el engaño y el odio. Estos males, si no los superamos y corregimos, seguirán molestándonos en el camino del éxito y probablemente, a pesar de todo lo bueno que estés haciendo, no llegues al éxito; porque no has sido capaz de construir relaciones sólidas, relaciones que se nutran por ambas partes.

Las relaciones son de dos; tú y la otra persona. Nada de triángulos amorosos. Ambos deben alimentarse, deben aportar valor mutuamente. Debe haber un equilibrio, donde las dos personas compartan una visión y se apoyen mutuamente. Hay que dar para recibir, pero hay que dar, sin esperar nada a cambio. Esto es algo que tocaremos en este capítulo; muchas relaciones se mueren, por culpa de que una de las partes involucradas, lo da todo por la otra persona y no se siente retribuida. A mí me ha pasado; y te enseñaré algunas cosas que me han sucedido. Pero, vamos a superar esto; vas a poner en práctica todo lo que te diré. La gente se va a sentir muy bien cuando esté a tu lado. Vamos a sanar tus relaciones de pareja, vamos a identificar las fuentes de dolor y usaremos todo ese dolor, como aliado para que vivas una vida llena de éxitos en tus relaciones.

Las películas, series y novelas de amor, nos han mentido durante todo este tiempo. Pensaste que lo que te decía la bella durmiente o la cenicienta, era verdad. Aquella película sobre vampiros, te hizo pensar que con solo un par de colmillos, ibas a tener el mundo a tus pies. Nos creemos eso, porque nos venden una historia y a nosotros, nos gustan las historias.

Nos gusta saber, lo que va a pasar con el protagonista de la historia, nos engancha toda la trama, los problemas de los personajes; incluso, nos identificamos con algunos de ellos. Estas historias nos han hecho creer, que el amor es perfecto; que a pesar de los defectos que tengamos, estaremos juntos por siempre, que pase lo que pase, ambas partes se amarán sin importar nada más. O también, hemos creído que el amor es un infierno, que todo es sufrir y más sufrir; que siempre estaremos solos y que no hay personas con corazón.

Hemos creído, que siendo el chico bueno que regala flores, conquistaremos a la chica más linda de la universidad. Hemos creído tantas cosas, porque el mecanismo de nuestra mente para mantenernos a salvo, es hacer que no salgamos de nuestra zona de confort. Preferimos hacer lo que vemos en las historias de amor, antes de hacer las cosas como se deben hacer. Porque las historias de amor lo pintan todo muy fácil, no queremos esforzarnos, en ser la mejor versión de nosotros mismos. Es momento de dejar eso atrás, has visto que nada de eso te ha funcionado. Sería muy torpe de tu parte, continuar haciendo lo mismo que no te ha dado resultados. Lo único que has logrado con eso, es llevarte al sufrimiento.

¿Te rechazaron de niño? ¿Verdad que te impactó?
Has tenido que sufrir mucho en tus relaciones de pareja y también en las profesionales. Cada rechazo te fue matando; cada vez el miedo se apoderaba más de ti y con cada ocasión te convertías, en una persona que no tenía nada de valor que aportar. Llegaste a un punto, donde no sabías vivir solo, no llegaste nunca a ser autosuficiente y cuando estabas acompañado, no supiste valorar la compañía. Cuando yo era niño, me creía la mentira, que para ser alguien, uno debía tener pareja. Pensaba que algo mal iba en mi vida, si no lograba tener novia.

Solo tenía 10 años y no tenía ni idea, de lo que me iba a dar la vida. Muchas veces he pensado en mi adolescencia, que estar solo es un mal, porque es lo que nos dicen, al punto que terminamos sintiéndonos así. ¡No!… No era nada malo, lo mejor que puedes hacer, es ser una persona que se vale por sí misma, que es selectiva y que no se relaciona con cualquiera. Una persona que no es autosuficiente, nunca vivirá una vida llena de éxitos.

Esto aplica para todo tipo de relación. ¿De qué te sirve relacionarte con drogadictos si eres un deportista? No te aporta nada; y no vengas con excusas, de que son tus amigos.

"Si sales con gente lista, tus amigos serán listos; si sales con escoria, tus amigos serán escoria; son simples matemáticas." - **Rocky Balboa.**

A veces, no podemos vivir sin tener pareja. Estamos tan

apegados, que al mínimo instante que estamos solos, no sabemos que hacer; nos sentimos desprotegidos y pensamos, que todo se vendrá abajo. No vivimos nuestros momentos propios, aquellos momentos sagrados, donde hacemos meditación, escribimos, realizamos afirmaciones, etc. No aprovechamos el momento valioso de estar con nosotros mismos.

Por otra parte, cuando compartimos con nuestra pareja, no estamos en realidad juntos; andamos distraídos con el móvil o estamos pensando en problemas. Necesitamos disfrutar de los buenos momentos, nunca serás feliz, si no valoras lo que tienes en la vida. Las relaciones necesitan tener contraste; cuando eches de menos a la otra persona, que sea de verdad. Cuando estés junto a esa persona, ámala de verdad.

No trates a la otra persona, como te gustaría que te trataran a ti. Es muy sencillo: sus necesidades, no son las mismas que las tuyas. No son iguales, no son tal para cual. Son dos personas totalmente distintas, con necesidades diferentes. La psicología masculina y femenina se diferencian mucho. Lo que le gusta a un hombre, no necesariamente, le debe gustar a una mujer y viceversa. Ambos ven las cosas de distinta manera, ambos se expresan diferente; lo que sí debe haber, es una buena conexión y comunicación.

Si eres hombre y estás leyendo esto, presta atención. TÚ DEBES SER EL SUMINISTRO. No pongas cara de imbécil, no te hagas el tonto cuando estés con ella. Deja de ser un gusano, a las personas no les gusta estar con gusanos. Una pareja que quiere que seas gusano, es una pareja que no te quiere ver bien. Tú debes hacer que tu pareja consuma de ti, ella te debe desear. ¿Quieres ser un borracho de amor y perderlo todo? No te recomiendo que lo seas. Tú debes tener clase, saborea el vino con calma. A tu pareja, no

le va a gustar una persona dependiente; va a preferir un hombre alfa, que tiene un alto valor y no depende de ella para ser feliz. Disfruta del amor, pero no te intoxiques. Se emborrachan los dos de amor, o mejor ninguno. Así de simple. De nada sirve, que solo una de las dos partes ame. Se aman los dos o adiós.

Nos han hecho creer, que las relaciones son perfectas, que nunca hay dificultades. Quizás seas tú quien cree eso, estás cansado/cansada de sufrir, y quieres que llegue la relación perfecta a tu vida. Yo he tenido esa mentalidad, me llegué a aferrar con esta idea, pensando que así tendría una relación perfecta. No quería tener dificultades, pensaba que así sería todo mejor. En la última relación que tuve, pensé que todo iba a ser color de rosa; todos los días me convencía, que esa era la relación de mi vida, que me iba a casar y que iba a ser feliz para siempre. Lo sentía y me lo creí, pero la vida me demostró una vez más, que las cosas no son perfectas. No existen las relaciones perfectas, pero puedes trabajar para que la relación sea un éxito.
"Lo que hace que una relación funcione, son las cosas en común, lo que la hace apasionada, es que las cosas son muy diferentes". Tony Robbins.

1.   Asegúrate que están avanzando en una misma dirección.
2.   Asegúrate de ser potenciador para tu pareja y que ella, lo sea para ti.

Tú y tu pareja, deben tener una meta en común; una visión en conjunto sobre lo que desean hacer, planificar donde estarán sus vidas, en un determinado tiempo. Ustedes son un equipo, que entrenan, juegan campeonatos, siempre buscan mejorar, estando juntos en las buenas y en las malas. No basta con decirlo, deben avanzar, tomando acción. Es fácil hablar, ¿pero hacer? Si ambos quieren lo mejor para ustedes, deben estar todos los días tomando acción, para que ambos cumplan sus metas, estén orgullosos y se brinden apoyo. Si no lo hacen, la relación no tendrá éxito. Debes ser un potenciador para tu pareja, bríndale amor, hazla sentir bien y única, dale valor; y que ella sea también potenciadora para ti.

No es solo hacerla feliz, se trata de ofrecerle apoyo, ayuda y guía. Incluso si terminan, procuren hacerlo siendo mejores de como empezaron. Estamos acostumbrados, a que cuando se deja una relación, ambos se deben destruir, se siembra el rencor y una de las partes debe hundirse. Esto es una de las cosas más egoístas del mundo; lo he vivido, sé como se siente que una persona, te quiera hundir y destruir; esa persona no está satisfecha y cada vez que pueda hacerte sentir mal, lo hará. Hay que dejar las cosas claras desde un principio, ambos deben crecer en la relación, si no crecen, a eso no se le puede llamar relación.

Ofreceré consejos, tanto a hombres como mujeres, en este capítulo. Algunos irán más enfocados a una parte que a otra, pero ambos pueden aplicarlos en sus vidas.

Hombre que lees esto, debes ser rico en habilidades, debes ser auténtico. NADIE te va a querer, si no eres capaz de hacer algo en tu vida, por ejemplo, ni siquiera cocinar. ¿Quién va a estar con una persona que no hace nada? No seas idiota, sé un ganador, sé lo que eres: UNA PERSONA DE ÉXITO. Las personas que escuchan, aprenden; porque son capaces de identificar cosas, que otros no hacen. Escucha a tu pareja, sé responsable. En una relación, no puedes ser egoísta, es bueno que hagas sentir a tu pareja valorada y protegida.

Vive una vida llena de éxitos

Yo prefiero más calidad que cantidad. Soy de los que cree, que es mejor tener pocas relaciones de pareja, pero que sean buenas. Ofrece lealtad; la lealtad es algo que hoy en día no existe, diferénciate en eso, haz que te valoren. Son pocos los leales, pero quienes son leales, son personas que merecen vivir una vida llena de éxitos. Cuando ofreces lealtad, conoces a personas leales.

Estamos muy acostumbrados, a querer mostrar una imagen que no es, queremos mostrar que somos perfectos y la realidad, es que nadie es perfecto. Queremos siempre ocultar nuestros defectos, me incluyo. Entre más reprimimos nuestros defectos, más salen de forma desesperada. Acepta tu sombra, porque si no lo haces, proyectarás todos tus defectos de forma desastrosa y no tendrás buenas relaciones. Aprende a llevarte en la soledad, acéptate.

¿Cuál es tu mayor defecto?
Te pido que pienses en este o que lo escribas en una hoja. Haz una lista de las cosas que puedes mejorar, para quitar ese defecto y que cosas te estás perdiendo por culpa de ese defecto.

Todos, absolutamente todos, tenemos vulnerabilidades. Yo tengo vulnerabilidades, cuando me atacan la moral me siento muy mal. Es mejor ser honesto, a ser una persona falsa, porque los falsos se quedan en el infierno. Usa lo negativo como algo positivo, úsalo como combustible para ser mejor.

Ejercicio: Quiero que digas y expreses tu lado oscuro. Piensa en tu mayor secreto y coméntaselo a una persona de confianza, sé honesto y presta atención en lo que sientes durante el proceso. Cuando termines de hacer este ejercicio, te sentirás mucho mejor.

El amor en pareja, debe ser cuidado como un negocio, debes

tener mentalidad de empresario. Cuando tienes mentalidad de empleado y quieres manejar un negocio, fracasas; así también sucede en las relaciones. Tu objetivo de ganancias cada día, debe ser conquistar a tu pareja.

1.   Asegúrate que comparten un camino.
2.   Diseña una relación que los haga mejorar.

No esperes algo a cambio. Una cosa es hacer un favor, pero otra cosa, es abandonar tu camino. Nunca dejes de adquirir nuevas habilidades y cuidarte. Ese crecimiento interno que tienes, hará que tu empresa logre aumentar su capacidad productiva; esto hace que puedas vender más y tener mayores beneficios. En este caso, tu empresa es tu relación. No te relajes o la competencia te superará; genera valor en tu negocio, avanza en la dirección del éxito, no abandones el viaje. Si tu pareja te hace abandonar, es mejor hacer un pacto con el diablo, porque el diablo sí te dará algo a cambio, pero abandonar tu camino no.

Cuando no avanzas, llega el resentimiento. Este viene del engaño, ambos creyeron que iban a avanzar, pero no fue así. En una relación no pueden ser conformistas, deben ir en busca del éxito.

¿Cómo es eso de terminar peor que como empezaste?

No puedes entrar a una relación, con la psicología del gusano, de una persona manipuladora que se arrastra y busca llenar su vacío interior. Una relación debe motivarte a mejorar.

Pregúntate: ¿Esta relación va a hacer que mejore o me va a poner en la zona de confort?

No confundas sexo, con tener una relación fuerte. Algo es pasión, pero otra cosa es amor. Las relaciones deben tener amor y pasión. Las relaciones pueden morir en cualquier momento, así como una planta; depende de ti cuidarla como a un Ferrari. Lo importante, es el proceso que se gesta durante la relación, te debe enriquecer.

Pregúntate: ¿Esa persona comparte tus valores? ¿Sus valores convergen con los tuyos?

Doy por hecho, que no quieres estar con una persona que no tenga éxito.

¿Esa persona puede integrarse a tu proyecto de vida?

Parecen preguntas muy tontas, pero son el tipo de preguntas, que debes hacerte antes de estar con alguien. Tú eres una persona completa antes de empezar esa relación, ya eres un ganador; no dependes de otra persona, para sentirte como un ganador. Las personas que dependen de otros, para sentirse bien, son personas perdedoras y nunca alcanzarán sus objetivos. En el proceso del éxito, existirán momentos donde estarás solo y si no eres capaz de estar solo, no llegarás nunca a la meta. Si una relación deja de valer la pena, mejor que la termines, están perdiendo el tiempo y se están destruyendo.

¿Has forzado una relación?

No te puedes tragar lo que dice la cultura rosa. No estás aquí, para perder el tiempo con personas, que no valen la pena. Forzamos relaciones, por el miedo a quedarnos solos, no somos capaces de valorar nuestra propia compañía. Lo hacemos porque nos falta amor, ya sea porque nadie nos ha dado su atención, o por falta de amor en nuestras familias. Es muy fácil decirte a ti mismo y a los demás, que amas a esa persona, cuando en el fondo, estás con ella por no querer estar solo.

Sé como se siente, en el fondo no sientes nada, vas forzando poco a poco, hasta sentir algo por esa persona. Sí es cierto, comienzas a "sentir" cosas por la otra persona. Pero la naturaleza de ese sentimiento es tóxica, es fuego que quema bosques. Las mujeres se quedan besando a esa rana, a ver si se convierte en príncipe; es ahí, cuando pierden su valor como damas que son. Mujeres ganadoras y de éxito. Cuando pierdes tu tiempo, pierdes muchas cosas buenas.

Mujer que lees esto, un hombre no te conviene, cuando no está preparado para una relación, aunque hay sus excepciones. Soy de los que piensa, que uno se va preparando en el camino, nunca se va a estar del todo preparado, todos los días se está entrenando. Así que considera estos matices: Un hombre no te conviene, cuando no está entrenando día a día. Cuando un hombre no busca la mejora constante, no es para ti. ¿Y qué pasa? Que a veces no queremos aceptar la realidad, de que ese hombre no es para ti. Te voy a dar 5 claves, para saber si un hombre no te conviene.

1. Al paso de unos meses, no se entusiasma con el futuro: Si un hombre luego de un tiempo, no está viendo más allá, no ve el progreso que ambos pueden hacer, significa que no es la mejor opción para ti. Todo hombre se entusiasma con el futuro de una relación, yo lo he hecho, es lo normal. Pero si no lo hace, lo más probable, es que no quiera estar contigo por mucho tiempo.

2. Observa como trata a los suyos: Es muy simple, si ese hombre que "tanto te atrae", es un déspota con sus seres queridos, no te conviene. Si trata mal a su madre, sin razón alguna, lo más probable, es que te trate mal a ti.

Vive una vida llena de éxitos

3. ¿Su vida tiene o no tiene un rumbo?: Un hombre que no tiene ni idea de a dónde quiere ir, un hombre que no tiene sueños ni metas, es un hombre que no va a progresar contigo en la relación.

4. ¿Es atento? ¿Se preocupa por ti?: No hace falta que te llene de regalos lujosos todos los días, pero sí es necesario, que se preocupe por ti; estando pendiente de que te encuentres bien. Un hombre que hace esto, es un caballero.

5. Si te quiere, tratará de influir en ti. Procurará de que estés bien: Si yo estoy con una mujer, quiero que ella progrese, intentaré que deje todo lo malo de lado y que saque su mejor versión. A los dos nos conviene, si los dos lucimos nuestra mejor versión, la relación tendrá éxito, estaremos motivados e iremos a por más. En cambio, cuando un chico quiere a una mujer "tal cual como es", aceptando que esa chica vive en el infierno, es un hombre que no tiene ni idea de la vida. No se da cuenta que no le conviene, obviamente puede ayudar a esa chica, claro que puede ser su guía. Pero una cosa es ser guía y otra cosa, es ser pareja. Si fuiste guía y esa persona logra salir del infierno, toma el camino del éxito y surge el amor entre los dos, bienvenido sea, viva el amor. Pero si no es así, adiós.

Mujer, el príncipe azul tiene que aportarte algo… QUE NO SEA SOLO EL SEXO. Como decía un profesor que yo tenía: "El sexo no es todo en la vida." Tu príncipe azul, debe ser un hombre interesante, que no tenga que depender de ti. Es muy importante que tenga PER-SO-NA-LI-DAD. Un hombre debe ser dinámico, compañero de vida y autosuficiente, como un guerrero. No puedes estar con un hombre, que deja todo lo que le hace ganador, para que tú lo aceptes. Un verdadero ganador, no necesita ser aceptado, él mismo se acepta y anda sin rodeos.

Ahora mismo, quiero que hagamos un pequeño viaje, a un tema un tanto controversial. Es necesario que lo hagamos, porque progresaremos y aprenderás más. Puede ser que estés en un momento de tu vida, que necesites saber esta información, aprovéchala, compártela con tus compañeros de éxito. Me ha costado mucho tiempo poder entender esto; he pasado muchas noches llorando, intentando encontrar una respuesta. Créeme, he pasado noches rezándole a Dios, que tuviera compasión conmigo. He sufrido y por eso estoy aquí, porque te voy a enseñar, que no debes sufrir como a mí me tocó.

QUERER OLVIDAR A ALGUIEN NO FUNCIONA.
FIN…

Bueno… Te lo explico con un ejercicio. NO PIENSES EN UN ELEFANTE ROSA, NO PIENSES EN UN ELEFANTE ROSA, NO PIENSES EN UN ELEFANTE ROSA. ¿En qué estás pensando ahora mismo? No creo que estés pensando en una lechuga, estás pensando en un elefante rosa. Muchas veces tu círculo social, te dijo que no pensaras en él/ella, pero lo que sucedió, es que seguías pensando en esa persona más y más. Cada vez que querías olvidarla, más se quedaba en tu cabeza. Eso es porque aquello que persiste, resiste. Quieres evadir la realidad, cuando no la puedes evadir. Debes enfrentarla. Sé que dirás que una ruptura es muy dolorosa, pero déjame decirte algo… Mira a tu pasado y ve que ahora eres mejor. Antes vivías en el infierno y ahora estás viviendo una vida llena de éxitos, tienes el estilo de vida de un ganador. Mis rupturas en todo tipo de relaciones, me han ayudado a ser mejor. Me han enseñado a relacionarme mejor, me han hecho más fuerte. Gracias a una ruptura es que estoy aquí.

DOLOR = MAESTRO

Vive una vida llena de éxitos

Necesitas dolor, para que se te quede grabado, todo el aprendizaje que la situación te está dando, luego vas a aplicarlo y serás mejor. Un maestro necesita respeto, en este caso, debes respetar al dolor, míralo como tu superior. Necesitas aprender de él. Experimenta el dolor, este cumple una función dentro de ti. Debe ser tu gimnasio, para que seas más fuerte. Cuando tienes agujetas en los músculos, se hacen más fuertes y crecen. Así debe ser el dolor, las agujetas emocionales, deben hacerte más fuerte y darte más poder. Las necesitas para tener éxito.

Interpreta la situación como un momento de crecimiento: ¿Te dejó porque eras una mierda?, ¿Ahora gracias a eso, vas a ser más atractivo? No estás solo, ahora eres libre. Vas a estar con alguien mejor, con una persona que te aportará mucho a tu vida. No te interesa odiarla por haberte dejado, esa persona es tu coach, te ha enseñado a ser exitoso. Te está ayudando y debes agradecerle en tu corazón.

Atención: ¿Vas a poner tu miramiento en pensar todo el tiempo, en lo que ya no puedes hacer con esa persona? O ¿Vas a poner tu atención, en todas las cosas buenas que te quedan por hacer? Pon la atención en tu crecimiento, aplica lo que has aprendido, haz afirmaciones, sal y realiza ejercicio. Sigue tu rutina de éxito.

Acción: ¿Qué vas a hacer? ¿Escribirle todos los días? ¿Vas a sobrealimentar tu recuerdo? O ¿Vas a tomar acción cada día para lograr tus objetivos?

Situaciones evitables: Quita todas las prendas que te recuerden a esa persona, los vídeos, fotos, regalos, publicaciones. Cambia eso, no te conviene bombardearte de esa persona… NO SEAS MASOQUISTA.

Situaciones inevitables: Debes generar nuevos recuerdos, en aquellos lugares donde fuiste con él/ella, genera nuevas experiencias. Ese lugar a donde solían ir, lo visitarás y harás algo nuevo. ¿Iban a la playa? Vas a ir a entrenar, se convertirá en tu campo de entrenamiento, saldrás a correr y dentro de un tiempo, lo recordarás como el lugar, donde te forjaste como el acero. AHORA ES MOMENTO DE CRECIMIENTO.

Cuando estaba en primaria, me gustaba una chica de mi clase. Era muy linda y estaba loco por ella. Yo era un novato en todo esto, no tenía ni idea de la vida, eran mis primeros contactos con el mundo real. En ese entonces, era una persona de montarme paranoias de forma muy rápida, comencé a desesperarme, porque a ella le gustaba otro chico; yo no me llevaba bien con ese chico y además, no sabía que hacer, para que ella se dejase de fijar en él y pudiera fijarse en mí. Mi profesor y toda la clase, se dio cuenta de que me gustaba la chica, pero yo no quería que la gente estuviera diciendo eso, porque tenía miedo, de que ella escuchase algo y dejase de hablarme.

Un buen día, llegué a clase y mi profesor me dijo, que había hablado con la madre de la chica, que estaba al tanto de todo. Que no quería que yo me acercase a ella, no quería que su hija estuviera enamorándose, quería que su chica estuviera estudiando y obteniendo buenas calificaciones.

Por último, mi profesor me dijo que ella tenía novio, que estaba saliendo con un chico llamado "James", que era su vecino. Que él era muy guapo y que yo no tenía oportunidad. En ese momento, mi mundo de niño de 11 años, se vino abajo. Me sentí muy mal, la veía en mi clase y era como si la hubiera perdido para siempre, sentí como si perdiese la final de un campeonato de fútbol.

Pero luego descubrí, que ese supuesto "James" no existía, que era un invento de mi profesor.

Mi profesor se lo inventó, para que ambos pudiéramos concentrarnos en los estudios. Apenas éramos niños, no debíamos estar en noviazgos o cosas por el estilo. Eso que hizo mi profesor, fue una prueba de vida. Muchas veces, no nos damos cuenta del tamaño de los problemas, no entendemos que son problemas muy tontos. Años más tarde, me vinieron muchos "James", tuve problemas más grandes, que tuve que resolver. Lo que hizo mi profesor, fue darme una simulación de lo que es el mundo real, me hizo tener contacto con lo que enfrentaría en un futuro. Muchos pensarán que estuvo mal de su parte, pero no… fue una de las mejores cosas que me ha sucedido. Hoy en día, sigo hablando con él y esa chica, es una de mis mejores amigas, siempre nos recordamos de esa anécdota y de mi reacción.

Las relaciones son así, nos volvemos locos cuando algo sale mal, y no nos damos cuenta, de que tenemos una gran capacidad para salir adelante. Terminas esa relación o resuelves lo que tienes que resolver. No es física cuántica, son simples matemáticas; no hace falta que te rompas la cabeza, buscando soluciones perfectas. Haz, aprende, si no te equivocas, aunque sea una vez en tu vida, no eres nadie.
Una de las cosas que debes hacer, para tener éxito en las relaciones, es dejar de pensar en el pasado, crea vitalidad en tu vida y vive el presente.

En las relaciones, ambas partes deben buscar pasión. Nos olvidamos de él/ella y nos convertimos en personas miserables. No seas algo que no eres. Deben buscar cosas nuevas por hacer… Y me refiero tanto a nivel amoroso, como sexual. Nunca

es aburrido tener pasión en una relación. Hay señores muy mayores, que tienen la pasión de parejas mucho más jóvenes; están juntos a pesar de la edad, por la pasión que se tienen. Hay muchos abuelos, que disfrutan más en la cama, que matrimonios de personas con 35 años de edad. ¿Por qué sucede esto? Porque aplican la siguiente formula:

AMOR + PASIÓN = UNA RELACIÓN FUERTE.

Otra cosa que deben hacer, es cambiar la historia de amor que tienen. Somos de generalizar mucho, no aplicamos lo que sabemos. A los seres humanos, nos gustan las historias con pasión, con lujo de detalles, historias apasionantes. Debes ponerle más emoción, a la historia de amor que tienes con tu pareja. Rememora las cosas con magia. Con historia me refiero, a cuando se conocieron, la primera cita, etc. ¿Recuerdas cuando te dije que hicieras un diario para escribir el futuro? ¿Recuerdas que te dije que debías sentir cada detalle? Así debes hacer, cuando recuerdes experiencias en pareja, debes recordar esas cosas como momentos maravillosos. Así en tu mente, se quedará todo lo bueno; cada vez que como pareja recuerden algo así, o se lo cuenten a otra persona, recordarán lo mucho que ustedes se aman.

Las cosas en la relaciones se deben hablar.
"Se trata de comprender el punto de vista de su pareja, ofrecerle apoyo y hacerle saber que eres su fan número 1." - **Tony Robbins.**

Nos callamos muchas veces, las cosas que no nos gustan de nuestra pareja. Puede ser que nuestra pareja, haga algo que no nos parece bien y nos callamos la boca, por no querer generar conflictos. Pero cometes un gran error, estás generando una resistencia. Te resistes a hablar con tu pareja y comentar tu punto de vista; luego viene el resentimiento, sigues viendo a tu pareja, haciendo cosas que no te gustan y eso genera malos sentimientos dentro de ti.

Luego viene el rechazo, comienzas a rechazar a tu pareja, no quieres saber nada de ella y por último, es cuando la relación se rompe. Todo esto lo pudiste haber evitado, si hubieras hablado con tu pareja, para solucionar la situación y ambos estarían felices. La comunicación es clave, ambos deben hablar las cosas, son compañeros de vida, deben ser leales. Porque ser fiel, es no engañar a tu pareja; pero ser leal, es recordar todos los puntos buenos de tu pareja y estar con ella, a pesar de estar atravesando un mal momento.

"Comparte cosas con tu pareja que nadie más sabe. Sí, existe un riesgo en este tipo de apertura, pero elegiste a tu pareja por una razón. Confíe en su pareja y ella le devolverá esa confianza." - **Tony Robbins.**

Debes saber dominar tus emociones, con eso me refiero, a que debes ver las cosas como son, pero no peores. La gente ve muchas veces, las cosas peores de lo que son, porque de esta forma se pueden dar por vencido. Tú en cambio, debes verlo mejor de como es, tú necesitas visión en las relaciones, ver las cosas con color, buscar un buen futuro dentro de la relación.

Pon las cosas fáciles, no compliques la relación. Mantente en buen estado, sal con tu pareja y haz algo; vivan momentos maravillosos, hagan cosas fuera de la rutina diaria. Es tan simple hacerlo, pero la gente no se da cuenta y se da por vencida. Sal de tu zona de confort y da una vuelta al parque con tu amado/

amada. Las relaciones se estancan, cuando tu estado emocional se estanca, permanece atento a esto y busca estar en buen estado anímico.

AYUDAR A TU PAREJA:

Necesitas saber lidiar, con el hecho de que tu pareja esté triste o deprimida. A todos nos puede pasar y tú debes saber actuar, ante una situación así. Si estás dispuesto a ayudarla, necesitas asegurarte de que te responde. Necesitas su cooperación, para poder entender la situación. Acércate con buena energía, cuando tienes buena energía, se produce el contagio emocional y es cuando la otra persona, se siente bien como tú.

Formas para lidiar con heridas del pasado:
- Puedes compararlos: Compara sus heridas con las heridas que tú tuviste. Demuéstrale que todo en esta vida es posible. Compara sus heridas con el presente, que vea lo mucho que ha progresado.
- Bromas: Hazle alguna broma, para que se ría y vea que se debe dejar de tonterías.
- Cuenta historias: ¿Te acuerdas de aquella vez…? Haz que recuerde anécdotas y que se ría un poco de ello.
- Rubuzna: Esto parece un poco loco, pero puedes hacer una batalla de ruidos de animales; haz que salga de su zona de confort y que se ría contigo.

Cuando ambas partes en una relación, se hacen responsables de sus elecciones, es cuando empiezan a mejorar su relación.

Paso #1 para curar heridas en una relación:

Vive una vida llena de éxitos

Ambas partes necesitan ser responsables de la relación y de lo que ha pasado. Con responsable me refiero, a estar comprometido con los resultados, ser honesto con tus errores, siempre enfocándote en lo que está funcionando y saber las cosas que puedes hacer mejor.

Debemos usar las 6 necesidades humanas, para transformar nuestra relación. ¿Cómo lo hago?
La primera manera de usar las 6 necesidades humanas, para transformar tu relación, es que entiendas los niveles en que estas necesidades, están siendo cubiertas.

Pregúntate: ¿Cómo estoy satisfaciendo la necesidad de certeza de mi pareja? Elige un número del 1 al 10.
¿Con variedad? ¿Haciendo que se sienta única? ¿Con conexión? ¿Crecimiento? ¿Contribución?
Elige el primer número que se te venga a la cabeza…

Y en caso de que estés confundido/confundida… "Cuando estás confundido, es cuando estás abierto a buscar nuevas soluciones." Cuando estás herido y te sientes incierto, es fácil entrar en un patrón de retención. Con retención me refiero, a que te resistes a darle amor a tu pareja, te niegas a ello. Entras en un patrón, de no darle a tu pareja lo que necesita.

Las personas resisten su amor, con la esperanza de que su pareja se hará responsable. Quieren hacer que sufra y que las busque. "Dejo de expresarle amor, para que venga a mí." Resisten en el miedo, porque piensan que si expresan su amor, su pareja la va a dejar o traicionar.
Esta "estrategia" nunca funciona, para traerte amor verdadero a largo plazo.

Nos hacemos adictos, a que cuando nos quejamos, sufrimos y nos resistimos, nuestra pareja viene a nosotros. Esto crea un círculo vicioso, hacemos esto una y otra vez; nos arrastramos, esperando que nuestra pareja nos preste su atención. Nuestra mente asocia, que expresando malestar, recibe amor. Pero, si no te haces responsable de tu relación, si no quieres saber si estás llenando las necesidades de tu pareja, entonces NADA puede ayudarte.

Pregúntate: ¿Cuándo me he puesto resistencias hacia mi pareja? ¿Alguna vez has visto a tu pareja o te ha dicho, que necesita ayuda de ti y tú no se la diste? ¿Por qué fue así?

Paso #2 para curar heridas en una relación:

Ambos deben satisfacer las 6 necesidades humanas.

- Certeza: La habilidad de estar seguro y confortable.
- Variedad: Todos necesitamos experimentar cambios; cambios emocionales, nuevas ideas y que nuestro cuerpo se mueva.
- Significado: Todos necesitamos sentirnos especiales, queremos sentirnos amados y dignos de atención.
- Amor y conexión: Todos necesitamos amor, pero muchos se conforman con conexión.
- Crecimiento: Necesitas mantenerte en expansión y en crecimiento, si no lo haces, mueres.
- Contribución: Ambos deben darse apoyo. Cuando estás en una relación amorosa, es esencial que estés atento por cubrir las necesidades de tu compañero/compañera.

Si sientes que tu pareja o persona cercana a ti, no está contigo, tu necesidad de protección y el miedo de no sentirte completo,

hará que encuentras la manera, para echarle la culpa o te culpes a ti mismo. En vez de estar perdiendo el tiempo haciendo esto, debes preocuparte por dar lo mejor de ti, no te conviertas en un esclavo del amor, porque ser esclavo es no tener libertad y no tener libertad, hará que caigas en el infierno. Tenemos la creencia, que una relación nos quita libertades, no es así. Amar incondicionalmente, nos hace libres; pero si descuidas tu persona y comienzas a hacer todo lo que tu pareja te dice, entonces sí que pierdes libertades. Ambos son libres y ambos se deben apoyar.

Todos nos resistimos a amar de vez en cuando, pero necesitamos ser responsables de nuestros actos. Tómate un momento para escribir esto: Parte de ser responsable en tu relación, es asegurarte que tu pareja se sienta entendida por ti.

No hay amores perfectos, no hay amores con certeza. Tú no puedes determinar lo que va a suceder. Pero lo que sí puedes, es hacer las cosas bien, como te estoy diciendo, para así tener éxito en las relaciones. El amor con certeza es predecible y aburrido. Es como si antes de ver un partido, ya sabes quien va a ganar. Tú lo que quieres, es estar en expectativa, quieres acción y emocionarte. Necesitamos miedo para sentirnos motivados, es el picante para la vida, sino nada tendría sentido. Es más bonito recordar, las cosas con los obstáculos que tuviste, recordar el miedo que tenías para hacer aquello que querías hacer. No olvides que las cosas fáciles aburren.

La gente se enfoca en lo que no tiene, olvidando lo hermosa que es la vida. Nuestra belleza interior, necesita salir y lucir ante el mundo. Nos quejamos de cosas tontas, queremos buscar defectos en nuestras parejas, defectos que no existen; lo hacemos porque queremos sentirnos con poder, el poder de manipular el estado

de ánimo del otro. No sirve de nada maltratar a tu pareja, lo que causas con eso, es que nadie te quiera y destruyes tu vida, ya que estás destruyendo a otros.

Paso #3 para curar las heridas de una relación:

Debes crear rituales de dar y recibir. Hay dos formas muy básicas, para obtener atención de tu pareja: tomando o pidiendo atención; y dando atención. De niños somos enseñados, a pedir amor y atención cuando estamos heridos. De adultos, llegamos a estar heridos y sigue siendo importante, que nosotros tengamos atención y amor, cuando lo necesitamos.

El problema viene, cuando te haces adicto a obtener atención, mediante el dolor. En nuestra cultura, si alguien está herido, nos sentimos obligados a ayudar a esa persona. Algunos llegan a darse cuenta, que si ellos están siempre heridos, tienen problemas y están en una emergencia, pueden obtener atención de forma muy fácil. ¿Entonces qué pasa? Que su vida es un problema constante, nunca están en paz, viven en el desastre.
¿Has llegado a usar el dolor como recurso, para que otros te presten atención? El problema, es que estás recibiendo atención de baja calidad. Es una atención obligada, esa persona lo hace para quedar bien, no porque te ame. Yo soy de los que ha usado el dolor y también ha dado su atención, para quedar bien. Ambas cosas se sienten mal; por un lado, te estás arrastrando por solo un poco de atención; y por otro lado, hay una persona molestándote y para que se acabe esa tortura, le das tu tiempo. No es la atención de un amor apasionado, que se siente impulsado a estar contigo. No es la atención de una persona que adora tu alma; es la atención de una persona que se siente obligada. Para ser efectivo, en dar atención y recibir atención de tu pareja, es importante

que entiendas, los diferentes estilos de atención que existen entre hombres y mujeres. No pensamos igual, estamos programados por nuestro ADN.

Hombre que lees esto: **APRECIA LOS "INFORMES" QUE TE DA TU PAREJA.**

La pregunta #1 que nos hacemos los hombres, cuando nuestra chica nos está contando una tormenta de cosas que no entendemos es: ¿Cuál es el punto? ¿Qué sentido tiene esto?

Muchos hombres hacen complicado que las mujeres se sientan felices. ¿Por qué? Porque se sienten sin confianza; debes darle confianza a ella, de que tú estás ahí para ayudarla. Dale detalles a tu pareja de las cosas que haces, no seas corto en palabras. Haz que se sienta parte de tu historia, involúcrala y ganarás su confianza. Los hombres suelen tener menos conexión, suelen hablar menos que las chicas. Las mujeres recuerdan las cosas por años. Si llegas a meter la pata… en un tiempo te recordará todo lo que hiciste. Pero aclaro, no apoyo esto, no podemos estar juzgando a cada rato, el pasado de nuestra pareja.

<u>Las mujeres te quieren compartir detalles con sus informes.</u>

Te pongo un ejemplo. Si tu chica te pregunta, por el restaurante al que fuiste, tú dirás que bien, que te gustó la comida. Si esta misma pregunta, se la haces a tu chica, ella te dirá de todo. Te explicará cada detalle, olores, sabores, sonidos, el vestido que tenía puesto la mujer de la mesa cercana, la intensidad del aire acondicionado… ¡Sí! parece una tortura, cuando te dice todas esas cosas que son inútiles para ti. Pero ella se emociona cuando te da sus reportes; escúchala, parece que no tiene sentido, pero

para ella tiene un gran significado. Te lo va a agradecer mucho.

A los hombres no nos importan esos informes. He experimentado, como alguna chica me cuenta que hizo esto y aquello; realmente no me interesa mucho el tema, pero hago que se sienta especial, le pregunto sobre ello y le doy atención. Trato de involucrarme hasta el punto, que quedo con la expectativa de conocer más sobre la historia.

Es muy sencillo y esto aplica, tanto para hombres como mujeres: Cuando tienes atención de tu pareja, debes darle atención a tu pareja. Dar y recibir.

Si quieres que tu relación vuelva a recuperar el amor, no puedes empezar a criticar. Necesitas estar activo y mejorar día a día.

Paso #4 para curar las heridas de una relación:

<u>Inspirar confianza mutua.</u> La confianza viene, cuando sientes que alguien tiene buenas intenciones y que esas, están alineadas con las tuyas. La confianza se produce por una variedad de factores, que quizás no sean del todo conscientes para ti. Los hombres y las mujeres, muestran confianza de formas totalmente opuestas. Las mujeres, se comunican por sus informes y comparten todo de forma espontánea. <u>No compartir un "informe", significa que hay una pérdida de confianza.</u>

Los hombres, comunican filtrando todo lo que dicen. Ellos quieren ir directo al grano; un hombre que se distrae en detalles, pierde el camino de su objetivo. Y a su vez, pierde la confianza de otros hombres. Para que tu pareja te tenga confianza, espera ciertas cosas de tu comunicación. Es importante que aprecies el

lenguaje de tu pareja.

Hombre que lees esto: si no tienes mucho que decir sobre tu día, al menos dilo con cariño. Una vez a la semana, dale a tu amada un pequeño detalle. No hace falta que sea algo lujoso. Sorpréndela con alguna comida, una rosa, un libro o un desayuno sorpresa.

Mujer: Muéstrale a tu hombre, que aprecias el esfuerzo que hace, para que estés bien tú y la familia. Estos rituales, inspirarán respeto y confianza entre ambos.

Muestra amor, es triste cuando tu pareja te ama de verdad, incondicionalmente y tú la castigas.

Cuando una mujer está en problemas, los hombres se sienten con la responsabilidad de rescatarla. Pero si un hombre, siente que la mujer está usando su dolor o problema para manipularlo, el hombre pierde la confianza en ella.

Paso #5 para curar las heridas de una relación:

Las heridas se curan creando pasión. Todos cargamos con preocupaciones del pasado y con dolores que hemos tenido. Todos tenemos vulnerabilidades y miedos. No puedes hacer que la heridas te hagan una mala persona, que critica todo y que vive en la queja. No puedes forzar que las heridas se vayan, no puedes rechazarlas ni resistirte a ellas. Esas heridas que tienes del amor, solo se irán cuando ames constantemente y con aceptación mutua en la pareja. Cuando eso pasa, la pasión surge.

Hagamos un pequeño repaso, sobre las formas de curar las heridas de una relación:

Vive una vida llena de éxitos

1. Hazte responsable, no es un negocio de 50/50. Ambos deben dar su 100%.
2. Entiende y llena las 6 necesidades humanas de tu pareja. Mide las necesidades que están siendo cubiertas. Revísalas y cúbrelas todos los días.
3. Crea rituales de dar y recibir. Mantenlos vivos, ellos procurarán la pasión y el amor.
4. Inspira confianza, mostrando honestidad.
5. Cura las heridas, aplicando constantemente el dar amor y también, mediante la aceptación. El amor va a curar todas las heridas y resolverá problemas, que ninguna otra cosa puede resolver.

¡FELICIDADES! Ahora ya sabes como tener relaciones exitosas. Al empezar este capítulo, tuviste que superar muchas resistencias, pero ahora estás aquí. Eres capaz de identificar lo que hiciste mal, y lo que debes empezar a hacer. Así que hagamos un pequeño repaso, de algunos conceptos que hemos visto:

- No trates a la otra persona, como te gustaría que te trataran a ti. Es muy sencillo: Sus necesidades, no son las mismas que las tuyas.
- Si eres hombre y estás leyendo esto, presta atención. TÚ DEBES SER EL SUMINISTRO. No pongas cara de imbécil, no te hagas el tonto cuando estés con ella.
- Asegúrate que están avanzado en una misma dirección.
- Asegúrate de que eres potenciador para tu pareja y que ella, lo es para ti.
- No es solo hacerle feliz, se trata de que le des valor, apoyo, ayuda y guía. Incluso si acaban la relación, procuren terminar siendo mejores que al comienzo.
- No puedes entrar a una relación, con la psicología del gusano,

Vive una vida llena de éxitos

de una persona manipuladora, que se arrastra y que busca llenar su vacío interior.

- Tu príncipe azul, debe ser un hombre interesante, que no tenga que depender de ti. Es muy importante que tenga PER-SO-NA-LI-DAD.
- DOLOR = MAESTRO.
- AMOR + PASIÓN = UNA RELACIÓN FUERTE.

Ahora permanece atento al próximo capítulo, deberás aprender cosas muy importantes, que debes aplicar en tu vida. Acompáñame, en este camino lleno de éxitos.

¿Me sigues?

¡Vamos a ello!

 Evita a las personas tóxicas

No podemos juntarnos con cualquier tipo de persona. No estamos aquí, para regalar nuestro tiempo, al primero que se nos cruce. Debes saber, que estar con malas personas, traerá malos momentos a tu vida. Si estás con buenas personas, llegarán los buenos momentos. Eres el resultado de las 5 personas, con quien más tiempo pasas.

No es que yo sea egoísta, pero no me gusta juntarme, con personas que no aportan valor a mi vida. Quiero juntarme con aquellas que sí me aportan y que yo en consecuencia, les pueda aportar valor también. Tus resultados, están muy influenciados por tu entorno. Por eso, muchos jóvenes no llegan a ningún lado en la vida, porque se la pasaron con malas juntas; pensaban que eso era "cool", que eran unos "chicos muy malos", cuando en realidad, lo que hicieron es hacer el idiota, destruyendo sus vidas.

¡Sí!… Son malos… Son muy malos viviendo. No tienen ni idea de lo que hacer, porque su cerebro se ha fundido, por ejemplo, por el consumo de sustancias nocivas para la salud. Y tú por otra parte, te juntaste con personas que te decían cosas bonitas al oído, pero no te decían lo que realmente tenías que escuchar. Estás aquí para aprender, a alejarte de la gente tóxica y juntarte con personas, que tengan resultados en su vida. No puedes pretender tener salud, cuando andas con gente de malos hábitos; no puedes tener amor, si andas con personas que viven llenas de odio; no puedes ser millonario, si te juntas con gente contraria a ese propósito. Son simples matemáticas.

Cambia esa mentalidad de: *"Solo estoy con él/ella, para pasar el rato y divertirme"*. Entiende que debes estar con gente buena, porque sino desde ya, olvídate de tu éxito. Las personas que tienen resultados, están con personas de resultados. Los ricos se juntan con los ricos. No es ser elitista, es solo la verdad. Si tú quieres éxito en tu vida, tienes que juntarte con personas de éxito. No puedes estar con gente, que te haga ser una persona tóxica; esto te mata y no puedes estar muerto, si de verdad quieres seguir viviendo la vida de éxito que tienes. Cuando estás con personas tóxicas, muchas áreas de tu vida se ven perjudicadas, se rompen poco a poco, a medida que te conviertes en una persona tóxica.

Las personas tóxicas, producen efectos negativos en ti. No puedes ser una persona que vive en el victimismo, debes ser autocrítico y entender, que no puedes estar con el primero que se te cruce por delante. Ten en cuenta, que tus logros pueden ser tóxicos para muchas personas, algunos te tendrán envidia por el éxito que tienes y lo que debes hacer, es alejarte de esas personas. Ellos quieren que seas como ellos, pero la verdad, es que tú no estás para tonterías.

Ahora te estarás preguntando: ¿Cómo saber si una persona es tóxica?

1. Piensas o hablas demasiado de ellos, le das mucha importancia sin razón. Acepto que hables mucho sobre tu mentor de éxito,

sobre el autor de un libro que leíste; pero si estás hablando mucho sobre una persona, que tiene una vida desastrosa, es un indicativo de que es tóxica para ti.

2. Te aporta muy poco y te hace perder oportunidades. Una persona buena, va a querer que aproveches las oportunidades que se te presentan y te aportará mucho. De lo contrario, hasta luego.

3. Te cuesta ser tú mismo. Debemos ser la mejor versión que podamos, no estás para bajarte de nivel.

4. Te aleja de tu mejor versión.

5. Te baja la autoestima. Es fácil de saber, si luego de estar con esa persona, te sientes triste, solo y cansado, es que está siendo tóxica para ti. Me ha sucedido, me lo he pasado muy bien con alguien, pero al llegar a casa, tengo la necesidad de estar acompañado. Es porque esa persona ha sido tóxica para mí.

6. Te quitan energía.

A partir de ahora, quiero que tengas todo esto en cuenta. Si una persona está produciendo estos efectos en ti, lo mejor que puedes hacer, es alejarte de ella. Quizá no es el momento y más adelante, podrán estar juntos de nuevo e ir a por el éxito. También puede ser, que simplemente no la necesites en tu vida, lo que no te sirve, bótalo. ¿Acaso te quedas con la basura dentro de tu casa? ¡No!, la tiras en unos contenedores y que se la lleve el camión de la limpieza. Esto es así con las personas tóxicas, debes sacarlas de tu vida. No te sientas mal por hacerlo, entiende que si lo haces ahora, evitarás malos ratos y caer en el infierno.

¿Quieres ser un deportista de élite? ¿Deseas estar lleno de salud? Entonces, ¿por qué te juntas con personas que tienen malos hábitos alimenticios? No puedes estar con personas, que no están

en el mismo camino que tú. Yo no me la paso invirtiendo mi tiempo, con personas que tienen un estilo de vida poco saludable. Creas o no, me junto con personas que tienen resultados y esas personas, tienen abundancia en el ámbito de la salud.

Te pongo el ejemplo de Ronaldinho. Ronaldinho fue uno de los mejores jugadores de fútbol del mundo, ganó la Copa Mundial del año 2002, con la selección de su país, Brasil. Tenía un futuro muy prometedor, algunos decían que podía llegar a ser el mejor de la historia. Tenía una calidad impresionante, ningún defensa podía con él, cada balón que tocaba, se convertía en oro. Su fichaje, le dio la grandeza que el FC Barcelona necesitaba. Era tanta su calidad como jugador, que en un partido contra el Real Madrid, los aficionados de este club, se pusieron de pie para aplaudirle. Los amantes del fútbol, amaban verle jugar, sin importar que fuese del equipo contrario. Fue así por un tiempo, hasta que comenzó a vivir la mala vida. Dejó de ir a los entrenamientos, se entregó a la vida nocturna. Comenzó a tener problemas con el alcohol, perdió su estado físico y dejó de ser el jugador que era. Destruyó su carrera futbolística, pasó de ser un jugador de élite, para terminar estando en banca rota. Si él hubiese evitado las malas compañías, habría llegado más lejos en su carrera y su nombre, quedaría marcado en la historia del fútbol de otra manera.

No debes sentirte culpable, por no poder tomarte unas copas con tus conocidos. Debes sentirte feliz, porque no eres uno más. Estás aquí para grandes cosas y no para tener el estilo de vida de una persona, que no puede cargar ni con el peso de su cuerpo.

Si estás con personas, que solo tienen desgracias en sus relaciones… creo que ya captas la idea a estas alturas, ¿o no?.

Vive una vida llena de éxitos

Cuando te rodeas de gente que se queja de sus parejas, dicen que todos son infieles, etc., sus pensamientos atraen cosas y cuando esos pensamientos entran en tu cabeza, comienzas a tener los mismos resultados que ellos. Hay algo que he aprendido, de gente millonaria como T. Harv Eker; los millonarios piensan como millonarios, todos los millonarios comparten su forma de pensar, piensan en abundancia. Si tú quieres ser próspero en el dinero, amor y salud, debes pensar como una persona que tiene prosperidad, en estas áreas de su vida. Si piensas en abundancia, sin importar lo que esté sucediendo ahora mismo, atraerás poco a poco, esos magníficos resultados que tanto deseas.

"Cuando damos a alguien nuestro tiempo, en realidad damos una parte de nuestra vida, que nunca vamos a recuperar." - **Alejandro Magno.**

La gente se queda pobre, porque piensan como pobres, porque se juntan con mentalidades pobres. Si eres millonario y te juntas con pobres, te dejas influenciar por ellos, terminarás siendo como ellos. ¿Qué millonario en su sano juicio, se le ocurre pensar como pobre? A ninguno; y los que caen en esa trampa, nunca fueron millonarios, solo fueron personas que por un tiempo, dieron un pelotazo y luego lo perdieron todo, porque hicieron caso a personas tóxicas.

Tú debes ser audaz, listo y muy valiente, para saber poner un límite a las personas. Decía un cantante, "todo tiene su final". Y para ti, vengo a darle una nueva interpretación a la frase: Toda persona tóxica tiene su final, no deben estar formando parte de tu vida eternamente. Están solo un rato en tu vida, durante ese rato, aprendes que no debes juntarte con ellos y que tampoco debes ser como ellos.

Vive una vida llena de éxitos

Actualmente, soy una persona joven. Sé como es la vida de un adolescente. Son miles de cosas pasando por la cabeza, es el querer quedar bien, la presión social, la presión de tu familia. Me he llegado a topar muchas veces, con personas que me dicen que no puedo hacer tal cosa, porque si no, tendría mala imagen. Me han dicho que debo ir a la universidad, porque si no daré una mala imagen a los padres de tal chica. ¿A mí que me importa?

No estoy aquí, para que me impongan cosas, tampoco para complacer a nadie. Estoy para cumplir con mi propósito de vida. Muchos adolescentes terminan estudiando ciertas carreras universitarias, por lo que les dijeron, mas no por lo que querían. Quizá ese chico amaba la informática, pero le terminaron metiendo en la cabeza, que debía ser doctor. Quizá quería desarrollar video juegos, pero le dijeron que debía ser economista. ¿Qué sentido tiene hacer infeliz a una persona por el resto de su vida?

Son pocos los adolescentes, capaces de abrir los ojos y tomar el liderazgo, de su propio destino. Son muchos los que terminan haciendo, lo que sus amigos hacen. Lo veo tanto en chicos, como en chicas. Los chicos hacen lo mismo que sus compadres; si su compadre, está saliendo con 5 chicas a la vez, replicará el mismo modelo. Pero, ¿de qué te sirve esto al final del día? ¿decirle a los demás lo "guay" que eres? Eso es un espejismo, es un éxito fantasma, no te sirve para tener abundancia en tu vida. Hay adolescentes que terminan teniendo peor salud, que una persona de 60 años; porque están siempre de fiesta, consumiendo sustancias nocivas para la salud. Les gusta el placer a corto plazo, ven los árboles, pero no ven el bosque y menos la montaña. No piensan en su futuro, piensan que todo les caerá a sus pies. La vida no es fácil, pero podemos hacer menos complicadas las

cosas. No hay necesidad de salir con el primer chico o chica, que se ponga frente a nuestros ojos. En parte es normal, porque se trata de un proceso hormonal. Pero tarde o temprano, mejor que sea temprano, debemos dejar de tomar decisiones, por lo que nos hacen sentir las hormonas.

Veo infinidad de chicos, que en vez de coger un libro, prefieren gastar su dinero en vicios. También observo chicas, con un gran corazón, con temple de reinas, que dejan caer su corona, por andar con Max Estrellas, perdiéndose en la vida bohemia. Muchachos, salgan y liberen toda esa energía, haciendo deporte. Usen un poco la cabeza y pregúntense ustedes mismos: ¿Esta persona me va a traer cosas buenas a largo plazo?

Los sacrificios que haces hoy, para lograr tus objetivos, harán que tengas frutos mañana. Tai Lopez, comenzó a emprender desde joven; Richard Branson, hacía negocios cuando estaba en la escuela; Elon Musk, siendo estudiante, era adicto a la física. Quiero que veas, que en todas las personas de éxito, se repite el mismo patrón, desde jóvenes fueron entendiendo, que no podían estar con cualquiera.

Grant Cardone, conocido millonario en el sector de bienes raíces, de joven era un drogadicto, estaba a punto de perder su vida. Él decidió cambiar, trabajó arduamente en construir su mejor versión; no se conformó, aprendió de los mejores y se convirtió en uno de los mayores expertos en ventas del mundo. Miles de emprendedores se forman con él, leen sus libros y asisten a sus eventos. Te reto a que hoy empieces tu cambio, deja a TODOS los que te dañan, incluso sin darte cuenta. ¿Quieres terminar tu vida en un centro de rehabilitación? o ¿quieres terminar tu vida dejando un gran legado?. La decisión está en tus manos.

Vive una vida llena de éxitos

La mayoría de los jóvenes, piensan que fumar no hace daño, dicen hacerlo de vez en cuando. Entérate, ese "de vez en cuando", hace que poco a poco, le quites años a tu vida. No le quites años a tu vida, dale vida a tus años. Esa vida no se la darás fumando, sino teniendo un estilo de vida sano. La excusa es: "Yo voy al gimnasio", "Mis amigos fuman más que yo". Espabila, a mí no me importan tus amigos, me importas tú; quiero que estés bien y deseo lo mejor para ti.

Tienes un futuro prometedor, no lo mates. Cosas muy buenas te están esperando, no puedes dejar escapar la oportunidad de cumplir tus sueños. Estás acostumbrado a que te digan, que no los vas a lograr; y estás acostumbrado también, a que te digan que todo es fácil. Vas a tener que esforzarte mucho y trabajar inteligentemente. El éxito requiere que brindes el 100%, no puedes hacer las cosas a medias.

Muchas cosas no son lo que parecen. Una de las mejores formas, para corroborar si esa persona es buena o no para ti, es viendo sus resultados. Es así, fíjate en los resultados; observa lo que ha hecho esa persona, lo que tiene, lo que hace y lo que quiere hacer. De niño, hacía mucho caso a lo que decían mis compañeros, me repetían que eran los mejores, porque tenían buenas notas, o porque según ellos, eran millonarios. Me lo creí, pero cuando observé sus resultados, aprecié que con sus vidas no estaban haciendo nada.

Me juntaba con los malos de la clase, porque pensé que así, me iban a respetar más; cuando en realidad lo que sucedía, era que me metía en más problemas. Estaba metiendo sus creencias en mi cabeza y mis resultados, eran igual de malos que los de ellos. Cuando dejé de juntarme con ellos, mi vida cambió; entendí que debía crecer y ahora estoy aquí. En mis dos últimos años de escuela, cambié mucho mi entorno. Cada vez mi círculo social se fue reduciendo, porque yo quería estar con gente de valor, con compañeros que me pudieran ayudar y que con su presencia, yo pudiera motivarme para ser mejor. Esto fue lo que me ayudó, me junté con personas de éxito. Logré tener un mentor, que me dice las cosas muy claras, sin pelos en la lengua. Entendí que no estamos para juntarnos con gente tóxica, estamos para juntarnos con personas, que son mejores que nosotros.

Haz lo que hacen los mejores. Cópiate de ellos, sé uno de ellos. Si quieres ser alguien de éxito y juntarte con personas de éxito, debes comportarte como una persona de éxito. Si no te comportas como uno de ellos, no te tomarán en cuenta. Debes sintonizar, saber con quien hablas y que información estás recogiendo de las personas. Te vas a sorprender, de la cantidad de malos pensamientos a los que estás expuesto. Algunas personas, son ricas en ciertas áreas de su vida y otras son pobres, en esas determinadas áreas. Aprende y déjate influenciar, de aquellos que son ricos en esas áreas. La idea es que puedas imitar su comportamiento.

Cuando escuchas a personas decir frases de otros individuos de éxito, te das cuenta que son ricas en conocimientos, que han estudiado a otros que son mejores que ellos. La gente de éxito, siempre está haciendo preguntas, no del estilo tonto, sino preguntas profundas, que no todo el mundo sabe hacer. Las personas tóxicas, se enojan siempre que reciben críticas constructivas. En cambio las personas exitosas, piden que se les hagan críticas constructivas, quieren mejorar siempre y escuchan la retroalimentación de su público. Debes construir el hábito de observar a las personas. Sé un espejo de las personas que quieres, pídele consejos a personas con buenos resultados. Comparte con

humildad tus objetivos y pregúntales, que harían en tu caso.

Es muy importante, que tengas mentores en aquellas áreas, en las que deseas convertirte en un experto. Debes tener mentores activos, que hayan logrado y estén logrando cosas. Los mentores te acortarán muchas partes del camino, pero eres tú quien debe tomar acción. No importa la edad que tengas, siempre es bueno tener mentores. Para encontrar un mentor, debes saber antes que nada, en el nivel que estás. El nivel se puede medir en base a tus ganancias.

Nivel 1: 0 - 3,000K/ al mes.
Nivel 2: 3K — 10K/ al mes.
Nivel 3: 100K - 1M/ al mes.
Nivel 4: 1 millón - O más/ al mes.

Si eres nuevo, no puedes pretender aprender de una persona que está en el nivel 4. Debes asentar las bases, e ir escalando poco a poco. Una persona no va a dedicar su tiempo en ti, si no tienes valor. El valor lo irás adquiriendo, a medida que vayas progresando. Te estresas, ya que ves que muchos tienen resultados y quieres saltar directo a la cima. Primero aprende lo básico y luego aprende lo complicado.

Para conseguir un mentor, debes saber estas iniciales, TEA (Teórico, Experiencia, Aplicación).
Tú necesitas aprender de mentores TEA, que han hecho cada una de estas fases. Nada de "gurús"; los gurús son personas, que repiten lo mismo que dicen personas de éxito, pero ellos no lo hacen. Solo cobran dinero por decir ciertas cosas, pero no por aplicarlas.

Los teóricos son profesores, los encuentras en una universidad; te hablan sobre administrar una empresa, pero ellos nunca han creado una; se saben lo teórico, pero no lo han aplicado y tampoco tienen la experiencia. Por otro lado, están los que tienen experiencia, ellos no lo han hecho por su cuenta, se han dedicado a trabajar para otros que sí lo han hecho. Por ejemplo, puedes encontrarte a asistentes de bienes raíces, que han trabajado con los inversores, pero no lograron hacerlo por su cuenta.

Puedes aprender de ellos hasta cierto punto; vieron como se comportan las personas de éxito y pueden darte información muy valiosa. Luego están los que han aplicado sus conocimientos, estos son quienes han hecho realidad las cosas, han tomado acción y se han diferenciado de los demás.

Debes prestar mucha atención de estos individuos, ellos han pasado por todos los obstáculos posibles; han caído, se han levantado y logran lo que se proponen. Son el mejor ejemplo a seguir, debes valorar y estar muy agradecido, con el tiempo que te dediquen. Cada individuo, ya sea teórico, experimentado o que ha tomado acción, te puede aportar cosas. Debes tener claro, que cada uno tiene un nivel distinto, te aportarán en distintas fases de tu vida. No puedes estar aprendiendo todo el tiempo de teóricos, porque si estás toda tu vida prestándoles atención, serás como ellos. Te sabrás la teoría, pero no sabrás nada de la práctica.

Lo mejor que puedes hacer, es aprender de mentores que tengan las 3 cosas, TEA, (Teoría, Experiencia, Aplicación). Te recuerdo de nuevo: 0 gurús.

Al principio, yo pensaba que solo debía aprender de profesores de universidad, hasta que entendí la importancia, de aprender

de personas con resultados. Ahora me centro en aprender de los mejores, hago cursos con mentores que tienen su propio negocio, aprendo de deportistas que compiten o que han competido.

<u>Mentores muertos:</u> Puedes buscar videos de personas de éxito, que ya no están vivas. Como por ejemplo, Wayne Dyer o Jim Rohn, ellos han dejado su legado; con los videos aprendes sus formas de expresarse, como hablan en público y comunican las cosas. Lo primero que debes hacer, es estudiarlos a ellos. Todos tenemos que aprender de ellos primero, antes de aprender de otros. Muchos de esos mentores muertos, han escrito libros, vas a encontrar sus enseñanzas ahí. Es mucho mejor aprender de ellos, que aprender de gurús, que te venden cursos de 6,000 euros. Te lo pintan todo muy bonito, pero luego las cosas no son como decían ser.

Yo empecé viendo videos y leyendo libros, antes de invertir en cursos. Primero aprendí lo básico, antes de invertir mi dinero, en cursos más avanzados. Tuve que aprender las bases, que pudieran sostener mi "casa". Si no tienes una buena base, la casa se cae.

<u>Mentores online:</u> Vivimos en un mundo globalizado, una persona en la otra punta del mundo, te puede enseñar con solo tener conexión a internet. Te recomiendo que accedas primero, al contenido que está accesible para ti, como pueden ser videos, podcasts, artículos, webinars, etc. Primero aprende lo básico, antes de invertir tu dinero en un curso más avanzado. Ve paso a paso. No te saltes las fases del proceso.

La gran mayoría de mentores que tengo, son online. Aprendo de ellos en las sesiones privadas que hacen. Primero aprendo del contiendo gratuito que tienen y luego, doy el paso a hacer algunas

de sus formaciones. Me involucro al 100%, e intento sacarle el máximo provecho.

<u>Centros locales de influencia:</u> Alguien alrededor tuyo debe estar haciendo dinero, quizá no sea tan conocido, pero te puede aportar mucho; si te puedes sumergir en el ambiente de trabajo de esa persona, ver como arregla conflictos, como lidia con la competencia, como negocia, etc., eso va a alimentar mucho tu mente. Escucha a esas personas, mira como es su lenguaje corporal, quédate hasta tarde con ellos. Apórtales valor, sírveles de asistente y diles, que la única paga que quieres de ellos, es aprender. Por ejemplo, si quieres ser un experto en bienes raíces, puedes ir a una inmobiliaria que esté cerca de tu casa, coméntales que tienes muchas ganas de aprender, que les ayudarás con las tareas del día a día. Hazlo, toma acción y aprende de los mejores.

Cuando me junto con personas, de un nivel más alto que el mío, los observo con lujo de detalle. Miro hasta la forma como conducen su coche y caminan. Veo cada detalle, analizo como muestran su seguridad ante el mundo.

<u>Ley del 33%:</u> Esta ley personal que vas a tener en tu vida, dicta cómo y a quién debes dedicar tu tiempo, para crecer y mejorar como persona. No puedes pasar todo tu tiempo con mentores, debes también hacer cosas por cuenta propia. Te volverás fuerte en ciertos puntos, sin embargo, te faltará fortaleza en otras áreas de tu vida, donde tendrás que concentrarte en reforzarlas. Al igual que cuando haces ejercicio, debes ejercitar todo tu cuerpo. No te pones a ejercitar un solo músculo, esperando grandes resultados, tienes que ejercitar todo el cuerpo, para poder tener resultados. De esto va la ley del 33%.

Vive una vida llena de éxitos

<u>Pasa el 33% de tu tiempo con personas que están debajo de tu nivel (estudiantes)</u>: Aumentará tu autoestima, tendrás la oportunidad de ayudar a otros y verás que también, entiendes las cosas que has aprendido hasta el momento. La enseñanza, es la mejor forma de entender un tema, vas a hacer que otros tomen el camino del éxito.

Yo, por ejemplo, cuando un conocido me escribe pidiendo ayuda, con algún tema que conozco, le doy mi punto de vista y mis recomendaciones. Finalmente, son ellos los que van a tomar acción, pero yo me siento en el deber, de darles la mejor información posible. Esto también lo hago, mediante mis videos en YouTube, trato de darle a la gente, un contenido valioso que les pueda ayudar.

<u>Pasa el 33% de tu tiempo con personas en el mismo nivel que estás</u>: Ayúdense unos a otros, trabajen juntos en su éxito, motívense; las personas que están en el mismo nivel contigo, en el camino del éxito y viviendo una vida de éxitos, se convertirán en tus amigos más cercanos. Son tus compañeros de aventura.

Todos los días trato, de estar en contacto con mis compañeros, los que emprenden conmigo. Estamos juntos en esta aventura y debemos darnos ánimo cada día. Hay días donde tú tendrás que motivar a tu compañero y otros, donde tu compañero tendrá que motivarte a ti.

<u>Pasa el 33% de tu tiempo con personas superiores a ti (mentores)</u>: Tus mentores deben estar entre 10-20 años por encima de ti; y haber logrado lo que tú ahora estás persiguiendo. Los mentores no siempre son buenos maestros, porque ellos también están cada día en el campo de batalla, a veces no tienen la mejor pedagogía,

son personas más prácticas, por lo tanto, tu deber es aprender observando. Puede que no sean los mejores oradores, así que aprende de sus acciones, forma de desenvolverse, etc., observa cada detalle.

Siempre intento estar aprendiendo de distintos mentores. Cada uno es exitoso en su área, cada uno tiene algo que aportar para mí. Me quedo con lo mejor de cada uno y lo aplico en mi vida; ellos lo han logrado y son el mejor ejemplo para mí de lo que debo hacer. Son muy importantes, puedes evitar muchas cosas, si prestas atención a lo que dicen y hacen.

No seas gusano, aporta valor: Un mentor no solo debe brindarte valiosos conocimientos y lecciones, sin reciprocidad. Ayúdalos, hazles las cosas más fáciles y bríndales algún obsequio que les guste. De esta forma, demostrarás que te preocupas por ellos y que estás agradecido de lo que hacen por ti. Harás que se sientan con responsabilidad y con un propósito. Quizás te conviertas en su sucesor.

Te felicito, porque has captado todo lo que te he dicho en este capítulo, te invito a que hagamos un pequeño repaso y vamos a prepararnos para el próximo capítulo:

- No podemos juntarnos con cualquier tipo de persona. No estamos aquí, para reglar nuestro tiempo al primero que se nos cruce.
- Cambia desde ya esa mentalidad de: "Solo estoy con él/ella, para pasar el rato y divertirme". O estás con gente buena, o puedes olvidarte de tu éxito.
- Las personas tóxicas, producen efectos tóxicos en ti.
- Júntate con personas que tienen los resultados que quieres

Vive una vida llena de éxitos

tener.

- Estás aquí para cosas grandes.
- La gente se queda pobre, porque piensan como pobres y porque se juntan con ellos.
- Tú debes ser audaz, listo y muy valiente, para saber poner un límite a las personas.
- Cuando las personas te dicen frases de otras que tienen éxito, te das cuenta que son ricas en conocimientos, que han estudiado a individuos que son mejores que ellos.
- Es muy importante que tengas mentores, en las áreas en las que quieres ser un experto en tu vida. Debes tener mentores activos, que han logrado y que están logrando cosas.

Prepárate ahora, para el próximo capítulo, donde aprenderás más, sobre conocer gente de las áreas que estás potenciando en estos momentos de tu vida…

¡Acompáñame!

 Networking

Te estarás preguntado, ¿Qué es el networking?. Seré muy directo en este capítulo, iremos al fondo del asunto y desde ahora, te voy a enseñar como puedes usar el networking a tu favor. El networking, es una forma para obtener contactos, es una manera de tener una red de contactos profesionales, que tienen objetivos como los tuyos, con los que podemos crear sinergia y tener oportunidades de negocio más adelante. El networking, es una herramienta que favorece mucho a tu empresa y a ti, a nivel profesional. Te da la posibilidad de darte a conocer, ante otras personas de tu sector; de relacionarte con personas que están trabajando en el área donde quieres triunfar. Es una forma muy buena de intercambiar conocimientos. Hoy en día, se hacen eventos de networking gratuitos, donde puedes aprender de lo que está teniendo mayor impacto en tu sector, o puedes aprender cosas, que te ayuden en distintas áreas de tu vida.

Es una buena forma de establecer colaboraciones entre personas y empresas, ya que todos podemos aportar algo en este mundo. Si tienes una empresa que va a salir al mercado, el networking es una forma para conseguir inversores y socios, que apoyen tu proyecto.

Si eres especialista en una área, puedes ofrecer tus servicios a otras personas, de esta forma, estarás adquiriendo nuevas fuentes de ingresos. Si necesitas los servicios de otras personas, gracias a la red que tienes, puedes contactar a la persona, que mejor se acomode a tus necesidades. Cuando eres capaz de salir de tu zona de confort y vas a conocer a más personas que están dentro de tu sector, logras entender mejor tu mercado y te haces una visión general de la situación. Por ejemplo, si estás en el sector de bienes raíces, podrás conocer como se está usando la realidad virtual, para presentar propiedades que están en lugares lejanos, al posible comprador. En el capítulo anterior, te comenté la importancia de aplicar la ley del 33%, esto es algo que con el networking empezarás a hacer, crearás relaciones con nuevas personas y aprenderán todos.

Hay múltiples maneras de hacer networking:

- Congresos.
- Cursos.
- Presentaciones.
- Redes sociales.

Por lo general, el networking en los eventos, se hace una vez termina la actividad. En la actualidad, puedes usar las redes sociales, para asistir a eventos totalmente destinados al networking; esto lo aprenderás más adelante. Te recomiendo, que no vayas perdido a los eventos de networking, darás una mala impresión y no te tomarán en cuenta. Antes de asistir, lo que debes tener claro, es quienes son los organizadores, los temas a tratar, patrocinadores, etc. De esta forma, te involucras más en la actividad y te sientes más cómodo. Hoy en día, los eventos de networking se anuncian por grupos en las redes sociales; esto

significa que puedes investigar, quienes son los que van a asistir al evento y sabrás información sobre ellos. Lo que te permite, poder interactuar con ellos antes del día del evento y les puedes decir, que te gustaría conversar durante el evento, así el encuentro no será incómodo.

Cuando vayas a conversar con esa persona, debes saber venderte, de forma muy breve. No estás para hacer alarde de tus capacidades, estás para crear nuevas relaciones.

Te recomiendo que hagas con antelación, una presentación corta sobre ti, donde hables de tus objetivos y de lo que haces. Mójate un poco y exprésale, la cualidad que te gusta de esa persona, así verá que sabes apreciar a los demás. Intenta no cerrarte, interactúa con las personas que tienes detrás, a tu lado, delante, etc. No te cierres en un círculo, no limites tus oportunidades para conocer a personas maravillosas.

Una herramienta que te va a ayudar mucho, es hacer una lista de las personas que vas conociendo en estos eventos, así de esta forma, podrás recordarlos para hacerles un seguimiento y establecer una comunicación más cercana.

NOMBRE	TELÉFONO	EMAIL	WEB

UBICACIÓN	EVENTO	FECHA	CONVERSACIÓN

Vive una vida llena de éxitos

Hazte un documento personal, donde recojas estos datos. Un lugar donde lo puedes hacer, es Google Drive; es gratis y podrás acceder al documento, desde cualquier dispositivo con conexión a internet.

Tu objetivo debe ser, que el vínculo sea fuerte, unido y que poseas a una persona "pesada". Tienes que ofrecer, no puedes ir queriendo, que la persona te brinde algo a cambio, este es el peor error que puedes cometer con las relaciones. La colaboración mutua, se genera con naturalidad, ambas partes se ayudarán, avanzarán y surgirán nuevas oportunidades.

Las personas de éxito son personas con valor. Es de valor tener contactos, abres más puertas de oportunidades. Nosotros nos influenciamos por personas, por tanto, es mejor influenciarse por personas que nos ayuden a lograr nuestros objetivos. Cuando estás en un evento de networking y hay alguien hablándote, dale un feedback. Expresa tu opinión de forma humilde. Tener contactos te hace tener más recursos, es una forma de ofrecer valor a otros y es una inversión a corto y largo plazo.

No juzgues, escucha y aprende. Debes ser un conector de personas, que la gente te vea como alguien que tiene recursos, para facilitar las cosas a los demás. Cuando escuchas las experiencias de otros, aprendes a no cometer los mismos errores.

¿Quieres tener tu propio negocio?

La base de los negocios, son las relaciones. Nunca sabes cuando una relación, que tengas con cierta persona, te puede salvar la espalda en tu negocio. Siempre que vayas a un evento de networking, ábrete un poco, tu lenguaje corporal debe mostrar, que estás dispuesto a recibir a nuevas personas. Si ves a alguien pasando cerca de ti y se ve solo, invítalo a tu grupo, déjate sorprender por las cualidades de esa persona.

En caso de que tú estés solo, conecta con alguien rápidamente al llegar. Acércate a una persona que esté sola, se convertirá en tu fiel aliado en ese evento y quizás, en un fiel aliado el resto de tu vida. Todo el que participa en eventos de networking, busca relacionarse; por lo tanto, evita vender productos. Puedes hablar un poco sobre ellos cuando te pregunten, pero no cometas el error que cometen muchos, que solo se dedican a reclutar personas. Quien aporta valor primero, es el que tiene mayor poder, así que ve con la mentalidad de aportar a los demás, no de obtener. Obtendrás al dar valor.

Te mostraré los distintos tipos de personalidad, que podemos encontrar dentro del networking. Además de eso, te daré consejos muy valiosos, a los que deberás sacarles el máximo provecho, si quieres tener buenos resultados, a la hora de crear nuevas relaciones.

El ligón: Es una persona coqueta, conecta muy bien con el sexo opuesto. Es bueno para encantar y seducir con palabras, vende muy bien, despierta deseo en las demás personas. Sabe coquetear cuando quiere algo.

El detective: Son personas muy atentas. Digamos que Juan quiere conocer a Alberto, un experto de marketing digital. Juan investigará el color favorito de Alberto, gustos musicales, hobbies, el deporte que sigue, su comida preferida, etc. Cuando vaya a quedar con Alberto, ya tiene bastante información y sabe como conectar con él. Este tipo de personas, son muy buenos en

lo que hacen y saben crear relaciones.

<u>El promotor</u>: Es una persona que le gusta conectar con los demás. Supongamos que a Juan, le gusta una chica llamada María. Él lo que hará, es hacerse amigo de los cinco mejores amigos de María; los tratará bien, también se hará amigo de los padres de María, muestra ser un caballero y una persona voluntaria. Toda esta gente le dirá a María, lo genial que es Juan, sin él tener la necesidad de decirlo, porque ya lo ha demostrado con hechos. Entonces María, pensará en él y lo percibirá como un buen hombre.

<u>El exitoso:</u> Este es el tipo de persona, que tiene mucha confianza en sí mismo. Hace lo que se propone, no le importan los obstáculos que pueda encontrar. "Soy tan exitoso, que María va a querer salir conmigo; ella me prestará atención, por el valor que tengo". Es el tipo de persona, que tiene tanto éxito, que todos hablan de eso, la gente conecta con él por sus resultados.

<u>El macho alfa</u>: Este es el tipo de persona, que tiene mucha reputación. Todos hablan de su manera de ser, de lo grandioso que es en los negocios, con las chicas, etc. Todos quieren ser como él; también reconocen que es muy buen aliado para hacer negocios. Un hombre necesita tener buena reputación.

<u>El comediante</u>: De seguro has conocido a alguien que te hace reír mucho; es divertido, te gusta estar con él/ella, porque te hace reír siempre. Este tipo de personas, son muy buenos haciendo networking. Las chicas dirán: "No sé que pasó, me hace sentir muy bien y me estoy enamorando de él." La gente se siente bien con él y por eso, es muy bueno con los contactos.

<u>Consejos:</u>

Vive una vida llena de éxitos

¿A quién quieres como cliente?: El primer error que comete mucha gente, es que no tienen ni idea, sobre quién quieren como cliente. Te voy a dar ciertas pautas, que necesitas saber sobre tu cliente, en el servicio que estés dando:

Edad.
Estado Civil.
Nivel de ingresos.
Lugar donde vive.
Demografía.
Nivel de estudios.

Una vez sepas esta información sobre tu cliente, lo siguiente que debes preguntarte, es con quién está conectado tu cliente. Supongamos que tiene 70 años, ¿Quién hace negocios con personas de 70 años? Puedes ir y conocer a doctores, abogados; preguntarles, cuál es su experiencia con este tipo de personas, los consejos que puedan darte, que te permitan establecer una buena relación con ellos. Debes conectar también, con las personas que están conectadas a tu cliente; sabrás lo que piensan, hacen y su manera de actuar. Obtendrás detalles, que te permitirán dar el mejor servicio posible. Supongamos que tu cliente gana mucho dinero, en este caso, necesitas conocer a gente que hace mucho dinero, aprenderás de ellos y sabrás la manera en la que puedes satisfacer sus necesidades.

Investiga a quién quieres conocer: ¿Recuerdas que hay personas, que tienen la personalidad de detective? Quizás quieres crear una relación con alguien, que puede potenciar mucho tu negocio, dándolo a conocer. Lo que puedes hacer, es investigar un poco sobre esa persona.
Libro favorito.

Bebida favorita.
Comida favorita.
Vino favorito.
Su equipo favorito de algún deporte.
La ciudad donde nació.
Su etnia.
Qué hacía antes.
Quién es su ejemplo a seguir.

Sea quien sea la persona, conecta con ella en estos puntos. Sé atento, puedes darle algún pequeño regalo, así te recordarán mucho, por lo atento que eres.

<u>Darlo todo</u>: Ofrece todo de ti. Supongamos que tienes a 50 clientes y otros 50, que quieres alcanzar a tener. Lo que puedes hacer, es comprar 100 botellas de vino, que no tienen que ser caras, gasta como mucho 800€. En los siguientes 60 días, vas a regalar una botella al día, a una de las personas con quien haces negocios, o con la persona con quien deseas hacerlos. Exprésales aprecio, por lo que han hecho por ti y dales la botella de vino. Ellos te preguntarán, que cosa podrían hacer ahora por ti y tú les dirás, que te presenten a la persona que quieres conocer.

Esto lo aprendí, de uno de mis mentores. Él se gastaba 1000€ en libros para regalar y 600€ en botellas de vino; finalmente, el dinero que recibía, era mayor al dinero que había gastado. Era como una inversión, ganaba lealtad del cliente o de la persona con quien hacía negocios, terminaba ganando mucho más.
<u>Cuida tu imagen:</u> Debes lucir bien. Es muy simple, debes estar siempre presentable.

<u>No seas tan tímido:</u> El ligón tiene menos timidez que los demás.

Vive una vida llena de éxitos

Él va y le dice cosas a la chica que le gusta, que tú no dirías; también hace cosas, que tú no harías. Te pones la excusa, de que a ella no le gustará eso, pero el ligón, sale de los problemas por su actitud. A la chica le gusta que sea atrevido, valiente. Necesitas tener más seguridad, no tengas tanto miedo. Recuerda, el chico que salió con la chica más guapa del colegio, es porque no tuvo miedo. Él tuvo la valentía de invitarla a salir.

<u>Sé visible:</u> Haz que la gente te vea, tanto en eventos como en las redes sociales. Que se enteren que asistes a las actividades más importantes. Cuando la gente te ve una y otra vez, te recordarán y querrán presentarte a otras personas.

<u>Haz que te conozcan personas con credibilidad:</u> Si siempre estás ayudando, personas con credibilidad te van a conocer. Da algo a cambio. Ve y diles: ¿Cómo puedo ayudarte? Ayúdalos y coméntales: ¿Me puedes ayudar en esto? Cuando gente con reputación te conoce, es algo bueno para ti.

<u>Ten reputación de experto:</u> Posiciónate. Debes tener estatus y reputación, de ser bueno en lo que haces. Cuando tienes reputación de ser un experto, es fácil hacer networking, porque la gente ya sabe quien eres. Procura tener reputación, de ser un caso de éxito.

<u>Ayuda:</u> Hay chicos que coquetean mucho a una chica; y ella los ve como hombres feos. Esto es porque son muy molestos. Obviamente, debes ser coqueto, pero que sea algo servicial, siempre preguntando ¿Cómo puedo ayudarte?. Supongamos que tienes una lista de 30 personas, con las que quieres conectar, llámalas y diles que tienes el reto personal, de ayudar a la mayor cantidad de gente posible en su negocio; coméntales que quieres

ayudarlos sin compromiso alguno. Ayúdalos y verás, como más adelante, harán algo por ti. Durante el proceso aprenderás mucho.

<u>No te apresures:</u> No seas tan gusano, no le pidas favores a alguien, cuando apenas lo conoces. El networking, no es una aventura de una noche, es la construcción de relaciones a largo plazo.

<u>Ten actitud positiva:</u> Tener actitud positiva no tiene precio, las personas pueden sentir una actitud positiva, hasta leyendo un mail. Sé una persona que contagia emocionalmente, de forma positiva a los demás.

<u>Ten la habilidad de hablar:</u> Ya sea por escrito, redes sociales o en persona, saber hablar es importante. Mantente actualizado, de lo que está pasando en el mundo, habla sobre deporte, el clima, o lo que sea. Algo originario del lugar natal de la persona, con quien estás creando la relación.

<u>Escucha:</u> La gente sabe cuando otra está interesada; a las personas les gusta hablar con otras, que están interesadas en lo que dicen. Te miran a los ojos, en vez de mirar el móvil. Cuando alguien te habla en un evento de networking, dales toda tu atención; te lo dije anteriormente, la atención es fundamental para tener éxito en las relaciones.

<u>Envíales un mensaje:</u> Envía de vez en cuando, un mensaje a tus clientes o contactos. Mándales una postal, agradeciendo lo que hacen por ti y exprésales, lo que admiras de ellos.

<u>Sé un conector:</u> Conoce al mejor vendedor de coches, al mejor doctor, entrenador personal, etc., es decir, busca al mejor en su campo y sé su conector. Cuando vayas a ayudar a alguien, ten

las conexiones necesarias, para conectar con ellos. Haz que se conozcan unos con otros, deja la envidia y el egoísmo. Verás como la gente irá donde tu estás, porque saben que eres el mejor.

Ten una buena marca en internet: Estamos en un mundo moderno, las tarjetas de presentación, quedaron en el pasado. La gente ahora usa LinkedIn. Esa es tu tarjeta de presentación; la gente se fija en quienes son tus conexiones en LinkedIn. Haz una limpieza en tus perfiles de redes sociales, asegúrate que se ajustan a tu marca. Por ejemplo, si eres piloto de avión, no te conviene tener fotos ebrio, debes tener fotos volando aviones.

Sé auténtico: Si eres una persona, con personalidad de detective, sé un detective. Si eres una persona humorística, sé humorístico. No intentes ser algo que no eres. Sé tu mejor versión. A la gente le gusta lo único, lo que no se encuentra en otro sitio, lo que es exclusivo.

Aprende a presumir sin presumir: Esto es un arte. Debes aprender a hablar sobre tus éxitos, sin sonar arrogante. La gente quiere saber que has tenido éxito, pero debes hacerlo de una forma muy sutil. Puedes decir lo que has hecho, lo que haces, lo que has logrado, pero de forma muy resumida; crea curiosidad, dilo sin la intención de decirlo, como si fuera algo normal, nada del otro mundo. Si escalaste el Everest, puedes decir: "El año pasado escalé el Everest, fue genial." Y muestras una foto. Las personas se quedarán asombradas, luego invítalos a que te digan algo sobre ellos.

Vivimos en un entorno digital, todos estamos en las redes sociales. Ya los medios de comunicación quedaron en el pasado, la gente ve más contenidos en plataformas de videos bajo demanda, que

Vive una vida llena de éxitos

televisión. Quien no está en las redes, no se entera de nada. Por lo tanto, tenemos más posibilidades de conectar con el mundo de forma inmediata, no hace falta gastarte grandes cantidades de dinero, solo basta con aportar contenido de valor y que a otros les guste. Ahora mismo, cualquier persona puede compartir contenido a escala global, con el uso de las redes sociales. Un comentario sobre un producto, puede dar la vuelta al mundo, en cuestión de horas. La comunicación es más ágil y dinámica, la adquisición de contactos es más fácil; puedes vender más rápido y puedes darte a conocer, gracias al networking online.

Las redes sociales, son la herramienta online más poderosa para hacer networking; por lo tanto, debes saber usarlas a tu favor, no por entretenimiento. Actualmente, la red social profesional más popular es LinkedIn, donde encontrarás a millones de perfiles profesionales. Es el CV moderno, ya la gente no te pide un CV por escrito, piden ver tu perfil de LinkedIn. Esta red social, nos conecta con empleados y jefes de empresas, podemos encontrar trabajo mediante esta red social o contratar a personas.

También puedes usar plataformas como Facebook e Instagram. No son redes sociales puramente para profesionales, están más orientadas al ocio. Pero hay mucha gente dentro y podemos conocer a personas de valor. Yo personalmente, uso más Instagram, porque es más fácil para mí. Puedes hacer uso de palabras claves, sobre el área de tu interés, las pones en el buscador de Facebook y te aparecerán grupos donde puedes unirte. Por ejemplo, si estás interesado en aprender sobre marketing en tu ciudad, puedes buscar "Marketing Barcelona".

En Instagram, puedes hacer uso de los hashtags y de las localizaciones. Cada grupo tiene su segmento, hay grupos con miles de personas y otros más pequeños. Debes saber encontrar, los que tengan una buena interacción y donde puedas participar bien, así tus mensajes no quedarán en el olvido.

Ya sea si vas a crear, un perfil para ti o para tu empresa, debes incluir todos los elementos, que definan la imagen corporativa, los valores y objetivos. Date a conocer; a las personas les gusta la transparencia, en un mundo donde suele reinar la falsedad, sobre todo, en el área del dinero. Tu perfil es la carta de presentación, a muchos les importa más tus conexiones en LinkedIn, que el nombre de la universidad donde te graduaste. Si no das una buena imagen en redes sociales, nunca tendrás la oportunidad, de mostrar una buena imagen en persona. La gente ve primero tu perfil, antes de reunirse contigo cara a cara.

Te sugiero que: selecciones las redes sociales que vas a abarcar, mantengas tus perfiles activos, ofrece contenido de valor. Te vas a posicionar en internet, por la calidad de tu contenido, obsesiónate con tener buen contenido, que conquiste a personas de éxito.

No puedes comenzar a seguir cualquier perfil, no puedes cometer el error que mucha gente hace, al crearse un perfil en redes sociales. Como te dije anteriormente, en el capítulo de la mala información que recibes, debes seguir a personas que te aporten. Por lo tanto, entenderás, que no puedes seguir a cuentas de memes. Comienza siguiendo a tus clientes y proveedores, para crear tu red de contactos.

Cuando estés dando contenido de valor, es bueno comentar sobre asuntos de actualidad. Si por ejemplo, estás en el sector automovilístico, es bueno que compartas artículos de prensa, sobre los coches eléctricos; evita hacer valoraciones políticas, no

Vive una vida llena de éxitos

caigas en polémicas. Hay mucha gente radical, que puede odiarte el resto de la vida, por no compartir los mismos pensamientos políticos que ellos tienen.

Muchas veces y me incluyo en esto, nos dejamos llevar por nuestras emociones. Pensamos con nuestras emociones, en vez de usar la lógica, siendo ahí cuando comenzamos a poner tonterías en las redes. Usa el sentido común, si tienes presupuesto, contrata a una persona profesional de redes sociales, que publique el contenido, mientras tú haces otras labores. Incrementarás tu red de contacto, ya que te verán siempre activo y compartiendo buen contenido.

Hay una aplicación muy buena, para asistir a eventos gratis de networking. La puedes usar desde tu ordenador o dispositivo móvil. Se llama Meetup. Es una red social de networking, que te permite reunirte con personas, en base a tus intereses sobre, política, cultura, libros, tecnología, idiomas, relaciones, negocios, etc.

La aplicación es gratis y se usa en muchos países alrededor del mundo. Puedes encontrar grupos de todo tipo, te unes a ellos y verás las fechas donde se reunirán en persona. Ponen un punto de encuentro al que puedes asistir. También ofrece un buscador, para buscar eventos fuera de tu ciudad; por ejemplo, si quieres asistir a un evento de gastronomía, puedes ir a la sección de comida y consultar los eventos que se harán cerca de ti, verás la fecha y los temas a tratar en ese evento.

Si estás interesado, en crear tu propio evento en esta plataforma, debes pagar una suscripción mensual. Te da la opción de probar un mes gratis. Meetup Pro, conecta marcas, impulsa el crecimiento de la comunidad y te hace llegar a personas alrededor

del mundo. Te brinda la opción, de consultar datos en tiempo real, para medir tu alcance; te ofrece email marketing y herramientas de comunicación, con las personas de tu comunidad. Si estás interesado en crear tu propio evento de networking, sobre algo en específico y quieres que mucha gente asista, puedes usar Meetup y a la vez, anunciarlo en Facebook.

Usa el buscador de Google; cuando estés buscando algún evento, puedes poner: "Evento de Bienes Raíces Barcelona." También puedes realizar la búsqueda en inglés, muchas veces lo que estás buscando, no lo encontrarás en español, pero si lo buscas en inglés, tienes más posibilidades de encontrarlo. También puedes usar la plataforma Eventbrite; permite crear y promover eventos locales. Esta plataforma te cobra una tarifa, cuando estás vendiendo entradas a un evento, pero si lo haces gratis, no tendrás que asumir ningún coste. Puedes usar esta plataforma, tanto para organizar tus propios eventos, como para asistir a otros. Encontrarás eventos de todo tipo cerca de ti, te lo recomiendo totalmente.

Otra forma muy práctica para hacer networking, es asistir a sitios de Coworking. ¿Qué es esto?. Pues es muy sencillo, no te tienes que preocupar mucho. ¿Verdad que durante mucho tiempo, la gente ha estado acostumbrada a trabajar en oficinas cerradas, donde te sientes en una celda, sin posibilidad de crecer personalmente? Pues déjame decirte, que el Coworking viene a acabar con todos esos males. El Coworking o llamado en español, Cotrabajo, esa una forma de trabajo, que permite a emprendedores de diferentes sectores, compartir una misma área de trabajo, con el fin de desarrollar sus propios proyectos, a la vez que crean proyectos con otros.

"Coworking es una filosofía de trabajo y de vida, que permite a profesionales de diferentes sectores, compartir un mismo espacio de trabajo, sin perder su independencia."

El Coworking depende de la comunidad, ya que es quien se junta, para trabajar en estos espacios. Como dato curioso, muchos de estos espacios de trabajo, te permiten acceder a varios servicios, pagando una suscripción, algunos te incluyen tu propio espacio personal, salas para hacer conferencias y comidas. Algo que seguro, nunca llegaste a tener en una oficina. Antes de ir a un espacio de Coworking, necesitas saber las reglas de la comunidad, si quieres tener éxito cuando vayas a asistir.

- Convivencia y respeto.
- Zonas comunes, que permitan la conexión entre coworkers.
- La figura de gestor del espacio, como nexo entre coworkers.
- Libertad de acceso.
- Membresía con precios asequibles.
- Iniciativas que aporten dinamismo.
- Evolución a la hora de hacer mejoras.

No puedes ver el Coworking, como salir a una selva sin protección alguna. Debes verlo, como una forma para moverte de la zona de confort. Permite salir de casa al emprendedor a un coste muy bajo, más bajo que el alquiler de un local. Estás rodeado de profesionales, mientras trabajas en tus proyectos, no te sientes presionado, pero estás trabajando con disciplina. Y muchas veces, puedes terminar elaborando grandes proyectos, con las personas que te rodean.

Por ejemplo, si eres un diseñador de moda o programador web, alguien puede llegar a ver en lo que estás trabajando y unirse

contigo, te estás dando a conocer. Yo he llegado a usar espacios de coworking y la verdad, es que te sientes muy bien, capaz de lograr cualquier cosa. Mientras escuchas a los profesionales, observa lo que dicen otros, mientras toman su descanso, para tomar un café; te quedarás sorprendido, los pensamientos positivos de otros, formarán parte de ti, sin necesidad de hacer un gran esfuerzo.

Te felicito, has logrado entender la importancia del Networking. Desde ahora, serás un experto y podrás crear relaciones con profesionales muy capacitados, aportarás valor y otros te aportarán valor a ti. No pierdas la oportunidad de rodearte de buenas personas, desde ahora, vas a tener relaciones muy exitosas y prometedoras.

Quiero también felicitarte, por haber terminado esta sección del libro sobre relaciones. De seguro que al principio, pusiste muchas resistencias, estabas en un infierno, ya que en tu pasado llegaste a sufrir mucho, a la hora de relacionarte con otros. Lo superaste, ahora debes llevar a la práctica, todo lo que te he dicho y verás los resultados que obtendrás, en tu día a día.

Hagamos un pequeño repaso de este capítulo:

- El networking, es una forma de tener una red de contactos profesionales, que tienen objetivos como los tuyos, con los que podemos crear sinergia y tener oportunidades de negocio más adelante.
- Si tú eres especialista en una área, puedes ofrecer tus servicios a otras personas; de esta forma, estarás adquiriendo nuevas fuentes de ingresos. Si necesitas los servicios de otras personas, gracias a la red de contactos que tienes, puedes conseguir a la persona, que mejor se acomode a tus necesidades.

Vive una vida llena de éxitos

- Una herramienta que debes tener a mano, es hacer una lista de las personas que vas conociendo en estos eventos, así podrás recordarlos, para hacerles seguimiento y establecer una comunicación más cercana.
- Las personas de éxito, son personas con valor; es de valor tener contactos, abres más puertas de oportunidades.
- No juzgues, escucha y aprende. Debes ser un conector de personas y que la gente te vea, como alguien que tiene recursos, para facilitar las cosas a los demás.
- La base de los negocios son las relaciones.
- Las redes sociales, son la herramienta online más poderosa para hacer networking; por lo tanto, debes saber usarlas a tu favor y no por entretenimiento.

Toma mi mano y sigamos en esto. Ahora te voy a revelar, los secretos que te harán vivir lleno de vitalidad. La información que te voy a revelar, va a cambiar tu forma de vivir. Así que atento, porque vas a vivir una nueva transformación.

¿Estás listo?

¡Pues vamos a ello!

14 Salud

Estamos en una fase muy importante de tu vida, quizás has estado mucho tiempo esperando este momento. Estás aquí, porque te mereces vivir saludablemente, tener salud, un buen cuerpo y mereces no estar preocupándote por enfermedades el resto de tu vida. ¿Te gustaría tener toda la energía posible, para cumplir tus metas? Para tener éxito, hay que estar saludable; para alcanzar el éxito, necesitas tener energía. En mi primer tomo de esta saga, te hablé varias veces, de la importancia de tener hábitos saludables, de nada te sirve querer alcanzar tus metas, cuando no eres capaz de cargar con tu propio peso. Ahora mismo estás en un momento, donde te vas a limpiar y vas a ser el dueño del destino de tu salud. No vengas con excusas baratas estilo, *"de algo me tengo que morir"*, *"no hace falta vivir tanto…"* Hemos trabajado mucho en tu mentalidad, como para que vengas ahora con esas excusas; si estás aquí, es porque es el momento para vivir, los éxitos que has conseguido en tu vida.

Todos mis mentores llevan una vida saludable, todos los días siguen sus hábitos, que los llevan a vivir con vitalidad. No andan con excusas como, *"hoy descanso la dieta"*, ellos todos los días cumplen con su dieta y hacen ejercicio. Lo más probable, es que durante años, has visto la dieta como algo malo, como si fuera

una tortura, cuando en realidad, la dieta es lo que comes. El error de muchos, está en hacer una dieta por un periodo de tiempo y luego dejarla. La dieta es tu forma de comer y más vale que sea buena, porque si no te estás matando.

Hacer ejercicio te motiva a tener pasión, debes moverte; vivimos en una sociedad, que se la pasa frente a una pantalla. Nos levantamos y vivimos en una caja, en vez de aprovechar nuestro poder, para llenarnos de vitalidad. Estamos siempre dentro de la caja y luego nos quejamos, porque estamos gordos. Vivimos en un mundo, donde comemos cosas que no necesitamos. Por eso, para que puedas vivir una vida saludable, debes hacer acciones diferentes, a las que has venido haciendo.

ACCIONES DIFERENTES = RESULTADOS DIFERENTES.

Necesitas un balance en tu vida, debes escoger la mejor opción y esta es, tomar la decisión de vivir con vitalidad. Estás para hacerte mejor, no para complacer a los demás. Algunos te dirán: *Así estás bien, no necesitas estar fuerte. ¿Perdón?*, está demostrado que si tienes una buena masa muscular, la depresión no te va a derrotar. Las personas fuertes, son menos propensas a sufrir de depresión. ¿Cuántas veces has hecho más por los demás, que por ti? Ahora es momento para trabajar en tu vida, si no trabajas en tu salud, NUNCA llegarás al éxito.

Te lo he dicho y lo vuelvo a decir, si quieres tener buenos resultados en la salud, debes juntarte con personas que tengan estos resultados. Tu mente tiene mucho poder, lo que piensas se hace realidad. La mente puede cambiar tu cuerpo; aplica las afirmaciones en la salud, toma acción y ve como todo se pone a tu favor.

Vive una vida llena de éxitos

CREA UNA BASE SÓLIDA —> CUMPLE CON TUS RETOS Y CRECE —> CELEBRA
REPITE ESTE CICLO.

Las personas felices, se hacen más felices; las personas ricas, se hacen más ricas. Tener salud te permite ser feliz y rico.

Lo primero que debes tener claro, para comenzar a cambiar tu forma de comer, es tener una dieta alcalina. Debe haber un equilibro, entre la acidez y alcalinidad de tu cuerpo. Debes entender que lo que comes, influye en tu pH y temperatura corporal. Tu sangre necesita estar en un nivel de pH del 7.6. La acidez la puedes medir en una visita al doctor, pero una de las formas más fáciles de medirla, es si tienes siempre una temperatura corporal muy alta; si estás sudando mucho y te duele la cabeza, es un síntoma de acidez corporal. Otro indicativo, es si el color de tu orina es muy oscuro, esto también puedes saberlo, si estás siempre con dolores estomacales. Si te encuentras con un nivel muy alto de acidez… CORRE POR TU VIDA. No quiero que te mueras de miedo, pero debo ser sincero contigo en estos temas, ya que son muy delicados e importantes. Tu vida depende de esto. Si tienes obesidad, no todo el tiempo significa que tienes un problema de grasa corporal, muchas veces, es que tienes un problema de acidez en tu cuerpo. Mucha gente no logra bajar de peso por esta razón, ya que su nivel de acidez es muy alto, como para que su cuerpo logre bajar de peso. Cuando tienes acidez, la función de la grasa es tratar de protegerte de una sobre-acidez; necesitas oxígeno y el mecanismo natural del cuerpo, es convertir todo en grasa. En cambio, cuando tienes una dieta alcalina, tu cuerpo tiene más oxígeno y te refuerza entre otras cosas, contra el cáncer; dado que no lo gusta lo alcalino.

Vive una vida llena de éxitos

Pasos para acabar con la acidez de tu cuerpo:

1. Mide tu nivel de acidez y alcalinidad, hazte un examen de sangre.
2. Hazte "verde".

Debes comer comida alcalina, por ejemplo: vegetales verdes, almendras, aguacates, limones, limas, espinacas, pepino, comino, etc. Limita la ingesta de alimentos ácidos, como las grasas procesadas, exceso de carnes, harinas, azúcares refinados, leche de vaca, quesos.

Si tú eres más avanzado, debes tener también en cuenta, el suplemento que estás consumiendo ahora mismo. La proteína whey, es de las mejores del mercado, la he consumido en los últimos 6 años, pero tiene mucho ácido. La proteína de huevo es buena, pero como punto débil, produce muchos gases. Por otro lado, tenemos la proteína de ternera, la cual es complicada de digerir.

Si la vas a consumir, trata de que en tu dieta diaria, haya un balance con alimentos alcalinos. Por otro lado, existe una alternativa muy buena, que son las barras proteicas con harina de grillo. Te parecerá muy extraño, pero es proteína animal, 100% ecológica y es muy fácil de absorber para tu cuerpo. Si adoptas estilos de alimentación, como la dieta ancestral mediterránea o la paleo dieta, no tendrás tanto estrés con tus niveles de pH en sangre.

Lo que queremos, es conseguir un cuerpo perfecto; y con cuerpo perfecto me refiero a:

1. Biológicamente optimizado: Vas a añadir años a tu vida y

vida a tus años. Tu versión más saludable, que involucre tu pasado genético.

2. Cuerpo ganador: Pensado para ti y para tus sueños. Un cuerpo ganador depende de ti y te ayudará a alcanzar el éxito, es decir, debe estar a tu servicio. ¿Un culturista es un cuerpo 10? En parte sí, luce muy bien ante los ojos de la gente, pero muy pocos se dan cuenta, que ese cuerpo es una tortura para ese culturista. Está muy dedicado a su cuerpo, pero su cuerpo no está dedicado a él. Sufre por dar una imagen de perfección que no existe. Cada uno tiene sus necesidades, en este caso yo lo que quiero fomentar, es que tengas un cuerpo que te potencie.

El leñador no trabaja para el hacha, el hacha trabaja para él. Tu cuerpo es la herramienta principal, y como tal, debe trabajar para ti. El cuerpo es como un ecosistema, el hábitat bioquímico, en el que se desarrolla tu mente y tu vida entera.

Cuidarte te potencia, pero cuando tienes un mal enfoque de esto, puede llegar a ser limitante. El cuerpo debe estar dedicado a la persona, no la persona al cuerpo; no puedes estar sufriendo constantemente con una dieta, que lo único que hace, es alterar tus niveles hormonales, solo para mostrar una buena imagen exterior de ti, mientras tu interior se está muriendo. Cuando te vuelcas demasiado en una sola área, te privas de generar sinergias con las otras, dando la espalda a tu verdadero potencial. Tener buena salud, debe permitirte cumplir tus metas, debe darte mayor seguridad. Esa seguridad, te debe llevar a crear nuevas relaciones profesionales, que se convertirán en negocios, que a su vez se convertirán en prosperidad económica. La seguridad que tienes también debes usarla, para hablarle a la persona que te gusta y conquistarla. Cuando potencias todas las áreas de tu vida, generas sinergias, siendo ahí cuando ves el éxito. Por norma general, cuando estás fallando mucho en una área de tu vida, debes hacer más hincapié en esa área. Cuando yo era más joven, me preocupaba más por mi físico, cosa que sigo haciendo de manera equilibrada. Al principio, solo me enfocaba en eso y mi rendimiento académico, era patético. Pero con el paso del tiempo, fui uniendo todos los puntos, hasta ir generando sinergias. El error que he visto en muchos, es que como no se ven capaces, para hacer otras cosas en sus vidas; la alternativa es ir al gimnasio, para tener un cuerpo que luce bien, mientras tienen una cabeza vacía.

No han transformado su vida en totalidad, solo han optado por tener buen cuerpo, pero una mala mente. ¿De qué te sirve tener un cuerpazo, si no eres capaz de hacer algo con tu vida? Es lo que pasa cuando te dejas llevar por personas tóxicas y por la mala información de ahí afuera. Ven que los demás tienen músculos y ellos también quieren tenerlos. Pero de nada sirve tener esos músculos, si no eres capaz de usar la cabeza. La salud siempre es belleza, pero la belleza no siempre es salud. La belleza te la pueden dar los cosméticos y los esteroides. Algunos lucen muy bien, pero no aguantan ni 10 minutos, haciendo ejercicios aeróbicos. ¿De qué te sirve lucir bien, si no puedes moverte?

Tips para tener mejor salud:

- Seguir la dieta ancestral mediterránea.
- Suplementos inteligentes, vitamina C y Omega 3.
- Sueño = Reparación. Entre 6 y 9 horas.
- Ejercicio.
- Respira aire natural.
- Practica el ayuno intermitente.
- Persigue la realización personal.

Vive una vida llena de éxitos

ATENTO CON LAS GRASAS. Debes consumir grasas naturales, que vas a usar como combustible. Te recomiendo que comiences a quitar de tu consumo diario, las bebidas calóricas no nutritivas, como las gaseosas. Sácalas de tu vida, lo único que hacen es quitarte la sensación de saciedad y por eso engordas más. En su lugar, debes tomar café, té y mate, que te ayudan a quemar grasas.

Otra forma de quemar grasas, que te da muchos beneficios a largo plazo, es el ayuno intermitente. Te permite quemar la grasa visceral y regresas a tu estado natural de bienestar. Acompaña esto con ejercicio, el músculo quemará calorías hasta cuando duermas. Y sobre todo, ten una dieta nutricionalmente densa.
A las industrias, no les conviene que hagas ayuno. Ellos quieren seguir vendiendo la comida chatarra de siempre, que sigas dependiendo de los mismos medicamentos de siempre, mientras ellos se hacen ricos a costa de tu salud. Tú por comodidad, elegiste entregar tu salud a los doctores y a la comida rápida. Pero estás aquí, para liderar en tu salud; y una de esas formas es, practicando el ayuno intermitente. Este pone a tu cuerpo en estrés, que necesitas para quemar grasas. Cuando ayunamos, ponemos un programa en el cuerpo, que trabaja en quemar las grasas malas de tu cuerpo. Creas o no, el ayuno intermitente, ayuda a regenerar tu cerebro y a vencer el envejecimiento, previene enfermedades cardiovasculares; incluso algunos estudios indican, que ayuda a vencer el cáncer.

Por experiencia propia, el ayuno aumenta tus niveles de energía y tu sensibilidad a la insulina. Lo propio para que empieces a hacerlo, es que lo hagas en un día que estés relajado, recuerda que estarás 24 horas sin comer. La última comida será la cena y solo vas a poder tomar agua e infusiones, durante 24 horas. El ayuno es gratis y mejora tu productividad.

Vive una vida llena de éxitos

Una infusión que puedes preparar, es la de tomillo, mezclándola con té verde. Te ayudará a quitar el hambre y depurará tu cuerpo.

¿Puedo entrenar? SÍ. Puedes ir al gimnasio o salir a correr sin problemas, no te vas morir, todo lo contrario, tu cuerpo tendrá más energía y quemarás grasas. Estas últimas, se almacenan de distintas formas, no se puede quitar grasa localizada. La única forma para quemar grasas, es entrando en déficit calórico, quemando más grasas de las que consumes y esto lo logras, entre otras formas, al hacer ayuno intermitente.

0 DIETAS EXTREMAS, 0 RUTINAS DE EJERCICIO DE 3 HORAS.

Muchos se ponen a practicar dietas extremas y hacen cardio durante 3 horas, esto no funciona. Necesitas también ejercitar tu musculatura.

CARDIO + TRABAJOS MUSCULARES.

El consumo natural de nutrientes es:
40% hidratos de carbono, 30% proteínas, 30% grasas. Como advertencia, te digo que esto varía de persona a persona, lo aconsejable es que consultes con un buen nutricionista.

Lo que te hace engordar, es la cantidad. Necesitas más cantidad para tener músculos, pero necesitas menos cantidad para bajar de peso. Todo depende de tus necesidades. Come y entrena de forma adecuada, de nada te sirve hacer el mejor entrenamiento de todos y luego comer comida chatarra.
Si quieres empezar a hacer ejercicio, pero no tienes mucho tiempo, te recomiendo que hagas rutinas HIIT. Cardio de corta

duración y alta intensidad. Con este tipo de ejercicio, ayudas a acelerar tu metabolismo y logras el consumo máximo de oxígeno. Gastas energía durante y después del entrenamiento. Puedes hacer rutinas intensas de 15 minutos, que te darán los mismos beneficios, que salir a correr durante una hora.

Ten en cuenta, que si nunca has hecho ejercicio y te pones a hacer rutinas HIIT, puedes llegar a sufrir agobio, fatiga y náuseas. Inicia gradualmente, una persona con una gran obesidad, no puede hacer este tipo de ejercicio. Puede hacer ejercicios para ganar más movilidad, una combinación entre cardio y pesas, haciendo un poco más de énfasis en el cardio.

AMIGOS ESTEROIDES: Si estás pensando en consumir esteroides, para acelerar tu cambio, estás en el sitio indicado. Porque te voy a decir… QUE NO LOS CONSUMAS, LOS ESTEROIDES TE HACEN DAÑO. Alteran tu ambiente hormonal, esto hace que tu estado de ánimo se vea muy afectado. Los esteroides son un espejismo, a la gente le gusta lo fácil, por eso caen en esta trampa, esperando lucir como modelo de revista, cuando en realidad, se están suicidando lentamente. Si ves a alguien, que los 365 días del año luce perfecto… OJO. Todos tenemos nuestros días, el cuerpo se auto regula y es muy difícil, que todo el tiempo sea igual. Tu cuerpo no es igual que ayer, cambia cada segundo. Para las mujeres, es difícil estar siempre igual, por las hormonas que tienen. Si quieres transformar tu salud, no puedes estar comparándote con las redes sociales, lo que ves ahí es fantasía. Te arrepentirás si llegas a consumir estas sustancias. Los mediocres las usan, porque no son capaces de tener disciplina. Está de moda el concepto de "ciclos". La gente consume esteroides, por una cantidad de meses y luego los dejan, pensando que así no les hará daño. En este caso, es mejor que

vendas tu alma al diablo.

Tanto si eres hombre como mujer, los esteroides te harán daño:

1. Tetas en hombres.
2. Impotencia sexual, disminuyen los espermas.
3. Vellos faciales en las mujeres.
4. Infertilidad, periodos irregulares, los senos se encogen y el clítoris se agranda.
5. La voz cambia.
6. Acné por todo el cuerpo.
7. Caída de cabello.
8. Crecimiento del corazón.
9. Hígado afectado.
10. Cambios de carácter.
11. Niveles de colesterol altos.

Y una infinidad más de consecuencias. A otros les gusta la idea de consumir, la famosa hormona del crecimiento. Esta hormona, solo se usa en niños que no crecen como deberían, no se puede usar para aumentar la masa muscular. Si la usas, lo que vas a tener como resultado, es la aparición de tumores, los quistes crecen. Te da cáncer y resistencia a la insulina. La mandíbula y nariz, también crecen. Como beneficio que tiene, es que alimentas tu ego, o sea te mueres.

No dejes que nadie te ofrezca productos milagrosos. ¿Cómo puedo tener cuidado? Pues atento a la lista de algunas sustancias, que debes evitar a toda costa:
* Winstrol.
* Dianabol.
* Deca Durabolin.

- Clenbuterol.
- Anavar/Oxandrolona.
- Primobolan.
- Anadrol.
- Sustanol 250.
- Ciopionato de tetosterona.
- Enantato de tetosterona.

Estas sustancias son muy conocidas, entre los adictos a los esteroides, te prometen que serás más fuerte que una roca, pero lo que haces es perder dinero, ya que son caros y lo más importante, pierdes tu salud.

La medicina y la nutrición han avanzado mucho, hoy en día, podemos incorporar a nuestra dieta suplementos naturales, que nos ayudarán mucho a mantener el equilibrio de las funciones de nuestro cuerpo y nos darán un empujón extra. Por experiencia propia, he usado suplementos naturales, para mantener el balance de mi dieta personal. Desde niño, mi abuelo me educó a consumir Espirulina.

Este superalimento, se puede usar para mezclar con jugos naturales, tiene un sabor muy peculiar y varía dependiendo de la calidad que estés consumiendo. Como un niño de 7 años, que era en ese entonces, el sabor que tenía era muy incómodo para mí, pero con el paso del tiempo, fui amando más el sabor, aprendí a mezclarlo con frutas.

La Espirulina me ha ayudado a bajar de peso, la puedes encontrar en polvo y en pastillas; yo soy más de consumirla en polvo, para que mi mente la interprete como un alimento. La cantidad de pigmentos, vitaminas, lípidos y proteínas que tiene, son impresionantes. Incluso se ha comprobado, que ayuda al

tratamiento de la anemia y algunos tumores.

Recuerda que los suplementos están para aportar a tu dieta, no para reemplazar comidas. Por nada del mundo, debes cometer el error de consumir un suplemento, sustituyendo un plato de comida. Estás dañando tu cuerpo y el suplemento que consumes, no está cumpliendo su función. Te quiero dar una lista de suplementos super poderosos, que puedes incorporar a tu dieta ganadora. Muchos de estos son adaptógenos, que cumplen la función de mantener en equilibrio tu sistema inmunológico, digestivo y nervioso.

- Ashwagandha: Conocida también como ginseng indio, te ayuda a controlar tus emociones, te da más vitalidad, es un antioxidante y ayuda a mejorar el sistema inmunológico.
- Maca gelatinizda: Mejora el sistema endocrino, tiene vitamina B, hierro y fibra. No es recomendable consumir por la noche. Este adaptógeno, también incrementa la libido.
- Milk thistle: Ideal para el tratamiento y protección de enfermedades del hígado y de la vesícula biliar.
- Shatavari Powder: Ayuda en la digestión y la fertilidad.

Los suplementos, se consumen para mejorar tu cuerpo. Tienen propiedades que ayudan a tu salud, te potencian más. Las personas confunden suplementos con esteroides; cuando la verdad, es que no tienen nada en común. Los suplementos están para complementar tu dieta, te dan un extra, para que ciertas funciones de tu cuerpo, trabajen con mayor facilidad. No debes verlo como algo malo, todas las personas de éxito que tienen buena salud, incorporan a su dieta suplementos específicos, basados en sus necesidades.

Comida saludable de bajo costo:

Como ya he mencionado, yo nací en Venezuela. Si tú que lees esto no lo sabes, actualmente mi país sufre la crisis económica, social y política más grande de su historia. Hay una dictadura, que por muchos años se ha dedicado a destruir al país. Sé de primera mano, la escasez de alimentos que existe y también conozco, el elevado precio de los mismos. He vivido en Panamá y noto, como ciertos alimentos en países de Latinoamérica, son muy costosos de adquirir. Por esta razón, te quiero dar una lista de alimentos, que puedes comer y que van a cubrir las necesidades de tu cuerpo, a un coste muy asequible.

Carbohidratos: Yuca, patata, batata, arroz, casabe, granos, plátano, papaya, mango, fresa, banana, (frutas en general).

Proteínas: Pollo, sardinas, carnes, huevo.

Vegetales: Todo tipo de vegetales.

Grasas: Aguacate, aceite de oliva, maní en cáscara.

- Intenta consumir arroz y pan integrales.
- Busca fuentes naturales de carbohidratos.
- Para merendar, consume yogur griego. También puedes consumir otras comidas, reduciendo la cantidad, por ejemplo, la sopa de calabaza.
- Evita bebidas azucaradas, alimentos procesados y frituras.
- Prepara tú mismo la comida.
- Evita el alcohol.
- <u>Haz lo que debes hacer, incluso cuando no tengas ganas.</u>

La constancia es clave, para mantener una dieta saludable.

Vive una vida llena de éxitos

Muchas veces te sentirás cansado y tentado a consumir cosas, que no aportan nada a tu salud. Es en esos momentos, cuando con más razón, debes mantener tu dieta saludable. Ese instante donde escojas consumir yogur griego, en vez de un helado, marcará mucho la diferencia a largo plazo.

Alternativas a alimentos costosos:

- El salmón es un gran alimento, que te brinda Omega 3 y desarrolla el sistema neurológico. Lo malo, es que es costoso. Pero como alternativa, tienes las sardinas.
- Col rizada, alimento rico en fibra. Como alternativa, te recomiendo consumir brócoli, alimento rico en fibra también, que previene el cáncer y es fuente de potasio.
- El espárrago ayuda a la liberación de líquido, pero como alternativa tienes al pepino, muy conocido por esta función.
- Quinoa, alimento alto en proteína y carbohidrato complejo, como alternativa puedes comer lentejas.
- Bayas de goji, de alternativa tienes a las frambuesas y fresas, que poseen fibra y 90% menos azúcar.
- Los frutos secos son ricos en fibra, pero también puedes comer en su lugar, garbanzos.
- Chia, conocida por su alto nivel en calcio, la puedes sustituir por linaza molida.
- Las barras de proteína son amadas por muchos, pero tienen un coste elevado, si se tratan de las de buena calidad. Como alternativa, puedes comer huevos hervidos.

¿Son las dietas detox una buena alternativa para mi cuerpo? No del todo…
El detox no ocurre con una dieta en específico, sino que ocurre todo el tiempo. Los riñones y el hígado, se encargan de hacer

la limpieza de nuestro organismo. Puedes ayudar a que el proceso sea más eficiente, comiendo sano. Eso de hacer dietas de 2 semanas tomando jugos, no dan resultados. No existen dietas mágicas de 2 semanas. Cada día debes desintoxicarte y acompañarlo con ejercicio. Es mejor comer la fruta entera, antes que tomar un zumo; porque cuando comes la fruta entera, no pierde sus propiedades y tu cuerpo absorberá la fibra que tiene. Si comes suficientes vegetales, no tienes que preocuparte por hacer dietas detox, aprende a comer y a conocer tu cuerpo, esa es la solución mágica.

Con respecto a la dieta paleo, debo decirte que la filosofía que tiene es fenomenal. Rechaza todo aquello que sea procesado, eso sí… es muy extrema y limitante. Es complicado comer, como en la época del hombre paleolítico. Es esa época, no existía el gluten y nuestro cuerpo no conocía la lactosa. El detalle es que es muy restrictiva y difícil de llevar a largo plazo. El punto bueno de esta dieta, es que te obliga a comer bien SÍ O SÍ, te obliga a comer natural. Pero también debemos entender, que el ser humano ha evolucionado y somos mucho más capaces de digerir la lactosa. La filosofía de la paleo dieta es muy buena, ya que no vas a comer basura, ni harás magia a base de batidos. Además, muchos estudios demuestran que con la paleo dieta, el cuerpo humano es menos propenso a enfermarse.

De verdad te recomiendo, que adoptes las bases de la filosofía de la paleo dieta. Come alimentos orgánicos, sin pesticidas. Pero te recomiendo, que seas más flexible. La mejor forma de hacer esto, es con la ayuda de un buen dietista.

No solo quiero que te quedes con la teoría, también quiero que lleves esto al siguiente nivel, el de la práctica. Te recomiendo a mi

dietista personal, que planifica dietas a deportistas profesionales de Crossfit. Contáctalo al: maikel.mgg@gmail.com

NO TE ENFERMES NUNCA MÁS, USANDO EL MÉTODO WIM HOF.

¿Te imaginas poder regular tú mismo, tu sistema inmune?

¿Cómo te sentirías al poder ser tú, quien determina la temperatura de tu cuerpo? ¿Cuál sería tu reacción si te digo ahora mismo, que es posible hacer esto?

Cuando descubrí esto, pensé que era una mentira, pero luego me fijé en los resultados y mi cabeza explotó. Wim Hof, es un holandés conocido por asumir grandes retos con su cuerpo, en los últimos años, le ha demostrado a la ciencia, que es capaz de manipular su sistema inmune con la mente.

Entre sus records mundiales están:

- Subió hasta los 6.700 metros del Monte Everest, con pantalones cortos y zapatillas.
- Alcanzó la cima del Kilmanjaro descalzo.
- Hizo la maratón del circuito ártico Finlandés, estando descalzo y en pantalones cortos.
- Tiene el récord mundial de sumergirse en hielo, por 1 hora, 52 minutos y 42 segundos.
- Corrió una maratón en el desierto de Namib, sin agua ni comida.

Él creo su propio método, donde demuestra que con el poder de nuestra mente, podemos evitar enfermedades. Haciendo uso de la meditación, podemos hacer que nuestro cuerpo y mente conecten, se hagan uno y podamos influir, sobre nuestro estado de salud. El método se basa en lo siguiente:

La respiración: Hiperventilación.
Lo habitual es usar la respiración para relajarse, pero Wim Hof, le da otra función. Mediante el aporte extra de oxígeno, buscamos una alcalinización de nuestro cuerpo. Te hablé anteriormente, sobre lo importante de estar en un estado alcalino. Cuando practicas la hiperventilación, respiras como si estuvieras en situaciones de estrés y adaptas a tu cuerpo a esas condiciones.

Hipoxia: El entrenamiento de hipoxia, es el que se hace con falta de oxígeno.

- En sitios muy altos sobre el nivel del mar, consigues que tu cuerpo se adapte a esas condiciones. Esto lo hacen los alpinistas, para evitar mareos en alturas muy altas. También lo hacen los ciclistas, para desarrollar mayor rendimiento.
- Mediante el uso de gomas elásticas, se puede hacer hipoxia localizada, se reduce la llegada de oxígeno a ciertos músculos.

Pero Wim Hof, también conocido como Ice Man, hace todo esto de una manera más sencilla. A muchos de nosotros nos gusta la simplicidad, ya que nos permite hacer algo a largo plazo, de forma sostenible y sin abandonar. Hof, hace esto con ejercicios como las flexiones, realizados en el momento de aguantar la respiración, luego de hacer series de hiperventilación.

FRÍO: *"El cuerpo se debilita si no tiene desafíos de vez en cuando".* Nuestra temperatura corporal está atrofiada, porque no somos capaces de aguantar ni el frío ni el calor. Está demostrado, que si nos exponemos al frío, tendremos beneficios fisiológicos. Yo personalmente, me expongo al frío, para cambiar mi estado de ánimo, esta exposición hace que cambie mi ánimo inmediatamente, sin tener que estar luchando con mi mente.

RETOS: Cuando estamos en la zona de confort, nuestro cuerpo se debilita y a la mínima que deseamos hacer algo diferente, nos enfermamos. Si nunca haces deporte y quieres llegar al Everest, morirás. Cuando comes mucha comida basura y estás una hora sin comer, sientes que es una tortura. Si nunca entrenas en ayunas, te sientes débil, al entrenar por primera vez en ayunas.

Por eso debes ir escalando poco a poco, en el caso del frío, debes hacer duchas donde pases poco a poco del agua caliente, al agua fría. Una vez te acostumbras a bañarte en agua fría, irás al siguiente nivel, dándote un baño con hielo.

"Wim explica, que en un primer momento de la ducha helada, sientes frío debido a que el cuerpo dirige la sangre, hacia el interior del torso y core, para mantener calientes los órganos internos. Pero al pasar unos minutos, la sangre vuelve a circular libremente, desapareciendo la sensación de frío".

Un estudio que salió a la luz en el 2014, mostró que podemos activar voluntariamente, nuestro sistema nervioso simpático. Con el control mental, se puede frenar la producción de citoquinas, culpables de la inflamación repentina. Otro estudio se hizo en alumnos de Wim Hof, donde se les inyectó endotoxinas, gracias a la aplicación de este método, evitaron vómitos y otros malestares

físicos.

Hof ha demostrado, que a pesar de estar a temperaturas muy bajas, puede hacer que su temperatura corporal sea de 37 grados. Esto lo consigue mediante la hiperventilación, que hace que el cuerpo se ponga en estrés y el cerebro comienza a producir adrenalina, que permite que la temperatura corporal aumente.

Este método nos ayuda a conectar mente y cuerpo. Nos hemos aislado tanto, que no toleramos las temperaturas. Por esto nos da gripe, nuestro termómetro interno se ha atrofiado. El cuerpo humano se ha mal acostumbrado, a vivir en espacios cerrados y por eso no es capaz, de hacer sus funciones naturales. Así que veamos los pasos que hay que seguir, para hacer este tipo de respiración.

1. Hiperventilación controlada.
Realiza 30 respiraciones cortas y rápidas.
Coge aire enérgicamente, hasta llenar los pulmones.
Suelta el aire, pero no por completo.
2. Exhalación.
Después de las 30 respiraciones, hay que exhalar el aire por completo y permanecer sin respirar, todo lo que puedas.
3. Retención del aliento.
Cuando ya no puedas estar más sin aire, hay que inspirar profundamente y retener el aliento, durante 15 - 20 segundos, luego suelta el aire.

4. Repetir.
Repite el proceso completo 3 veces.
Es normal que llegues a sentir mareo.
Hazlo en el piso, acostado boca arriba con una almohada dura,

para apoyar la cabeza.

5. Haz una meditación.
Busca en YouTube música para meditar y visualiza tus metas, como si ya las hubieses logrado.

6. Duche Fría

RUTINA DE EJERCICIO HIIT:

100 MOUNTAIN CLIMB.

75 RUSSIAN TWIST.

50 PLANK SHOULDER TAP.

25 SIT UPS.

Vive una vida llena de éxitos

EMOM 10 MINUTOS: (EMOM viene de las siglas Every Minute on the Minute. Es un tipo de entreno, basado en realizar tantas repeticiones como sea posible, de un ejercicio en concreto, durante un periodo de tiempo de un minuto; luego el tiempo que haya sobrado de ese minuto, se toma como tiempo de descanso, hasta volver a empezar otra tanda)

MINUTOS IMPARES: 30 SEGUNDOS AIR SQUAT.

MINUTOS PARES: 50 SEGUNDOS PLANK.

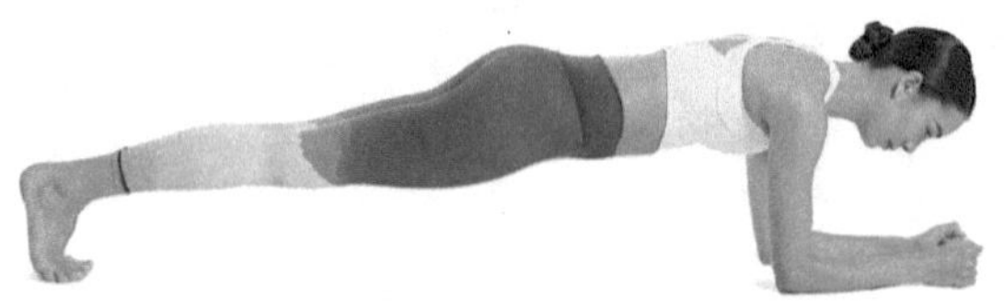

EMOM 10 MINUTOS:
MINUTOS IMPARES: 15 BOX JUMP.

MINUTOS PARES: 40 SEGUNDOS HAND STAND HOLD

MRAP 15 MINUTOS (*Los entrenamientos AMRAP, son un tipo de WOD, combinaciones de ejercicios que se proponen para cada día, (proviene de las siglas de 'Workout Of the Day'), y se ejecutan en el crossfit. Se trata de realizar tantas rondas o repeticiones, como sean posibles, en un periodo de tiempo ya establecido*).

200m RUN (corre 200 metros).
15 BURPEES.

Vive una vida llena de éxitos

10 HEAVY BOX DIPS.

5 WALL CLIMB.

RUTINA DE EJERCICIO HIIT 2:

3 ROUNDS:
15 metros SKIPPING.

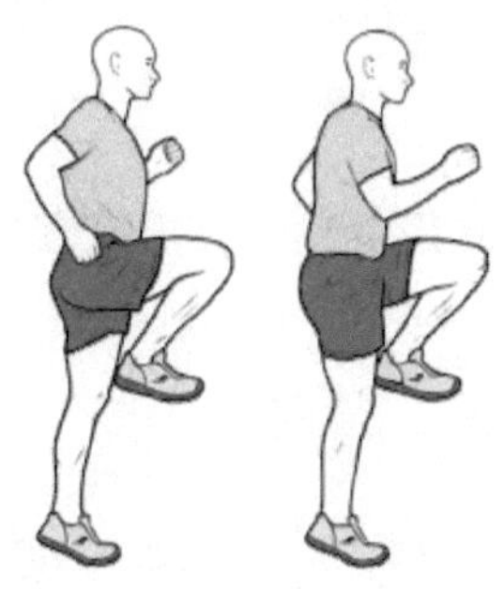

15 metros BUT KICKS.

15 metros WALKING LUNGE.

15 metros ALTERNATE FRANKENSTEIN KICKS.

RUN:
5 segundos TROTE SUAVE.
15 segundos TROTE NORMAL.
5 segundos TROTE RÁPIDO.
5 segundos CAMINAR.

4 ROUNDS:
20 segundos trabajando, 10 segundos descanso:

PLANK.

SIT UP CROSSFIT.

LEFT SIDE PLANK.

Vive una vida llena de éxitos

TUCK UPS.

RIGHT SIDE PLANK.

¡Felicidades! Has aprendido sobre cómo tener un estilo de vida saludable. Quiero que sepas que estoy muy orgulloso de ti, lo has logrado. Sabes ahora todo lo que tienes que hacer, para estar lleno de vitalidad y vivir una vida llena de éxitos. Estamos ya en la parte final de este libro, pero no del camino hacia la victoria.

Vive una vida llena de éxitos

Has hecho un gran trabajo, ahora está de tu parte, que cumplas con todo, que lo pongas en práctica y que vivas como viven las personas de éxito.

"Cada entrenamiento debe ser intenso, buscando tus límites. Si no encuentras tus límites, no esperes mejorar." **Arnold Schwarzenegger.**

Ya sabes, todo está en ti. Tienes el poder de hacer lo que quieras, no necesitas que otros te digan lo que tienes que hacer, tú sabes muy bien que eres capaz, de conseguir todos tus objetivos. No quiero que te rindas, te invito a que hagamos un pequeño repaso, de lo aprendido en este capítulo:

- Estás aquí, porque te mereces vivir saludablemente, tener salud, un buen cuerpo y no estar preocupándote por enfermedades, el resto de tu vida.
- Hacer ejercicio te da pasión, debes moverte; vivimos en una sociedad, que se la pasa frente a una pantalla.
- ACCIONES DIFERENTES = RESULTADOS DIFERENTES.
- Necesitas un balance en tu vida, debes escoger la mejor opción; y esa es, tomar la decisión de vivir con vitalidad.
- CREA UNA BASE SÓLIDA —> CUMPLE CON TUS RETOS Y CRECE —> CELEBRA. REPITE ESTE CICLO.
- Debe haber un equilibro, entre la acidez y la alcalinidad de tu cuerpo.
- Tu cuerpo es tu herramienta principal y debe trabajar para ti.
- Debes consumir grasas naturales, que usarás como combustible.
- Cuando ayunamos, ponemos un programa en tu cuerpo, que trabaja en quemar las grasas malas que tiene.
- Si quieres empezar a hacer ejercicio y no tienes mucho tiempo, te recomiendo que hagas rutinas HIIT.

Vive una vida llena de éxitos

- Los suplementos se consumen para mejorar tu cuerpo. Tienen propiedades que ayudan a tu salud, te potencian más.
- NO TE ENFERMES NUNCA MÁS, USANDO EL MÉTODO WIM HOF.

¡Sigamos! Quiero darte un recuento de lo que hemos hecho. Estarás orgulloso de todo tu avance.

ERES UNA PERSONA DE ÉXITO. Empezamos esta aventura, cuando ya habías salido del infierno. Estabas un poco perdido, con miedo de volver a caer, pero viste el camino que debías recorrer. Ahora estás viviendo una vida llena de éxitos y victorias, es decir, vives como viven los grandes referentes del mundo, eres uno de ellos y debes seguir así. Lo que hace mucha gente, es conformarse. Logran unas cuantas victorias, pero luego se estancan; algo que yo sé, que tú no harás. Vas a seguir adelante y serás guía de las personas, que quieran llegar a la cima contigo.

Tienes la misión de cambiar tu vida, de conseguir lo que siempre has querido; también tienes la misión de ayudar a los demás, para que cambien sus vidas. Con estos conocimientos que tienes ahora mismo, puedes ser el arquitecto de tu vida, puedes diseñar la vida de tus sueños, eres el autor de tu destino.

Estás aquí para hacer grandes cosas, no tomas el camino fácil, sino el que te lleva al éxito. Un camino con muchos obstáculos, pero al final, la recompensa es muy gratificante. En este libro, hemos ido a cosas más prácticas, aspectos en tu vida que tenías que perfeccionar, y lo has logrado. Ahora toca, que sigas llevando todo esto a la práctica, que lideres con el ejemplo. De nada te sirve saberlo todo, pero no hacer nada, eso sería de eruditos. Nosotros las personas guerreras, llevamos todo a la práctica y no abandonamos nuestro objetivo.

Vive una vida llena de éxitos

¿Eres consciente, de los grandes avances que has hecho en tu vida?
¿Eres consciente de que hace un tiempo, estabas en el infierno,
pero ahora estás logrando lo que muy pocos alcanzan?

15 Has ganado

Quiero que estés orgulloso de ti, no olvides quien eres, ni de donde viniste. Llegaste de lo más profundo, oscuro y malo, pero ahora el mundo se ilumina con tu luz. Los grandes son personas humildes, que saben muy bien que vinieron de muchas crisis; tuvieron que hacer muchos sacrificios, para lograr lo que han logrado. El libertador Simón Bolívar, se quedó huérfano muy joven, era bajo de estatura, pero no le importó eso; el tamaño de su corazón, era más grande que todo. Se casó muy joven, pero al año su amada falleció, sin embargo, esto no lo detuvo para hacer historia.

Cuando empezaste a leer este libro, tuviste dudas sobre si lo ibas a lograr; pensabas que sería imposible, pero aquí estás, es cuestión de fe y acción. Si crees que lo puedes lograr, estás en lo correcto. Si crees que no lo puedes lograr, también estás en lo correcto. Eres tú quien decide, lo que hacer con su vida. Aquí has aprendido, que si tienes la programación mental adecuada, eres capaz de manifestar cualquier cosa en tu vida, puedes tener toda la abundancia del mundo.

En este libro, cumpliste con el objetivo de cambiar tu mentalidad, para adoptar una mentalidad de éxito. Dejaste de hacer caso a la mala información, a la que estamos expuestos todos los días.

Vive una vida llena de éxitos

Ya no eres una persona que se deja llevar, por lo que dicen los demás; ya no eres la persona que se cree, lo primero que ve por la televisión. Eres una persona que usa las redes sociales, para hacer networking, no para entretenerse.

Ahora mismo, estás para recibir información que te aporte, que te acerque más, al lugar donde quieres estar. Tus desiciones no se basan en la opinión de otros, ahora se basan en la voz interna de éxito que tienes, la cual te dice las cosas correctas, la verdad. No te dice lo bonito y lo que quieres escuchar.

Desde este momento, tienes herramientas que vas a usar, para crecer más. Cada día serás mejor, porque sabes usarlas, como otros no lo saben hacer. Aprendiste, que leer te ayuda con tu salud neurológica; que los libros son una fuente rica en conocimientos y te brindan, las respuestas que tanto buscas. Son compañeros fieles e incondicionales, están contigo siempre. Si quieres cambiar tu vida, debes cambiar tú; y la mejor forma de hacerlo, es aprendiendo de los grandes. Ahora sabes, que escribir es un ejercicio, para ver lo que tienes dentro de ti; que te sirve también para plasmar, lo que va a pasar en tu futuro. Cuando eres capaz de colocar en un papel, todo aquello que sientes, liberas el estrés. Si te sientes triste o nervioso, escríbelo; identifica la raíz del problema, luego escribe lo que puedes hacer para solucionarlo. Te ofrecí las preguntas, que te debes hacer todos los días; preguntas que te ayudarán a medir tu progreso, para saber en lo que debes mejorar. Aprendiste, que tú puedes cambiar la vida de los demás, tienes el poder de hacer que otras personas, tomen el timón de su barco y emprendan su rumbo hacia el éxito.
De nada sirve morir, sin dejar un legado. De nada sirve querer ser exitoso, pero no ayudar a otros. Deja el individualismo, tú tienes mucho potencial, tanto es así, que puedes salvar la vida de las

personas. Puedes ayudar a tu familia, amigos, incluso al mundo entero.

Te coloqué el reto de los 19 días, que debes cumplir a raja tabla, no te rindas, comprométete a superar tus miedos. El miedo no existe, es solo una fantasía que crea tu mente, para limitarte de las grandes oportunidades. Pero tú haces todo lo que sea necesario, para conseguir tus objetivos, sin importar lo que pueda decir la gente sobre ti.

Ya sabes lo que debes hacer, para tener relaciones de éxito. Antes sufrías por amor, ahora sabes lo necesario, para que ambos vayan en la dirección adecuada. Las relaciones son para crecer, no para depender. Te asegurarás, de que eres potenciador para tu pareja y que ella, lo es para ti. No es solo hacerla feliz, se trata de darle valor, apoyo, ayuda y guía. Incluso si terminan, procuren hacerlo, siendo mejores de como empezaron. AMOR + PASIÓN = UNA RELACIÓN FUERTE.

Aprendiste el gran poder que tienen las afirmaciones, ahora que las practicas día a día, haces que la prosperidad, comience a manifestarse en tu vida. Todo lo que deseas, se puede hacer realidad y para eso usaremos afirmaciones, para manifestar físicamente lo que quieres. Gran parte del éxito está en nuestras mentes, nosotros podemos hacer lo que queramos, si tenemos el programa mental adecuado. La realidad que tienes en tu salud, dinero y amor, es producto de lo que le has dicho a tu mente. Esta ha acatado tus órdenes y ha manifestado en tu vida, lo que has estado pensando. PENSAR + CREER + SENTIR + VISUALIZAR = MANIFESTACIÓN DE COSAS BUENAS EN TU VIDA.

Ahora eres un maestro del networking. Sabes muy bien que la

base de los negocios, son las relaciones. Si tú eres especialista en una área, puedes ofrecer tus servicios a otras personas. De esta forma, estarás adquiriendo nuevas fuentes de ingreso. Si necesitas los servicios de otras personas, gracias a la red de contactos que tienes, puedes encontrar a aquella, que mejor se adapte a tus necesidades.

No solo eso, ahora ya sabes de quienes debes aprender. Dependiendo de tu nivel, tendrás cierto tipo de mentor, e intentarás sacar todo lo bueno que tenga para ti. No podemos juntarnos con cualquier tipo de persona. No estamos aquí, para regalar nuestro tiempo, al primero que se nos cruce. Cambia esa mentalidad de: "Solo estoy con él/ella, para pasar el rato y divertirme". O estás con gente buena, o puedes olvidarte de tu éxito. Las personas tóxicas, producen efectos tóxicos en ti. Júntate con personas, que tienen los resultados que tú quieres tener.

Aprendiste que sin salud, no puedes llegar a la cima; ya que no tienes la vitalidad que necesitas tener, para afrontar todos los retos que tienes en tu vida. Con salud, puedes hacer dinero, superarte y tener relaciones prometedoras. Cuando estás lleno de vitalidad, eres capaz de diferenciarte de los demás, porque cuando ellos no pueden, tú estás haciendo todo realidad. Ahora conoces la importancia, de tener un buen nivel de alcalinidad en tu cuerpo, porque si no lo tienes… DEBES CORRER POR TU VIDA.

El cuerpo, es tu herramienta de vida; dispuse para ti, una tabla de ejercicios que harás desde hoy.

Quiero decirte, que hasta ahora has avanzado mucho, cada día eres una persona mejor, que está logrando sus objetivos y haciendo sus sueños realidad. Quiero también decirte, que tengo muchas sorpresas en el siguiente libro, preparadas para ti; porque te voy a revelar secretos, que te harán tener éxito a la hora de

emprender tus propios negocios. Vas a poner todo lo que sabes en práctica, vas a comenzar a generar nuevas fuentes de ingresos y sobretodo, tendrás la mentalidad adecuada, para ser una persona de negocios. La mentalidad, es muy importante en los negocios; eso es lo que has estado creando, durante todo este tiempo. Ahora mismo, vas en el camino adecuado, solo es cuestión de seguir superando los obstáculos, porque la recompensa que tendrás, es muy buena.

TE QUIERO MUCHO, TE AMO. ESTAMOS JUNTOS EN ESTE CAMINO, LO ESTÁS HACIENDO BIEN Y VAS A GANAR. NOS VEMOS MUY PRONTO CON MÁS, NO ABANDONES ESTA AVENTURA.
SE VIENEN COSAS MUY BUENAS PARA TI...

 La voz de tu alma

CONOCE LO QUE CAMBIÓ MI VIDA.

Lector, es momento de que comparta contigo algo muy especial, que ha cambiado mi vida. Hace un tiempo atrás, me tocó vivir uno de los infiernos más grandes, que he tenido en mi vida. Sufrí una depresión, que quizo ganarme la partida, quería acabar conmigo y las cosas se ponían, cada vez más oscuras.

Un buen día, mi mejor amigo me recomendó un libro, que me cambió la vida, mi personalidad, relaciones y mi forma de ver el mundo, en fin, TODO. Ese libro es la bendición más grande, que hasta ahora he tenido, y creo que todos debemos leerlo. Cada vez que alguien se acerca a mí, buscando ayuda, le muestro este libro; porque sé, que si esa persona aplica los principios, va a tener grandes resultados. Quiero recomendarte el libro, LA VOZ DE TU ALMA, escrito por Lain García Calvo.

¡Es uno de los mejores libros del mundo! No estoy exagerando. Este libro está cambiando la vida de millones de personas; sin él, yo no estaría aquí, me encontraría viviendo en el infierno y no sé, si estaría muy bien de la cabeza. Transformó mi vida, hizo que ahora mismo me encuentre aquí, escribiendo este libro para ti.

Vive una vida llena de éxitos

Las enseñanzas de Lain, han hecho que yo ahora sea un alma imparable, mis sueños no son negociables, no me doy por vencido y voy a por todo. Quiero que sepas, que esta es la oportunidad más grande, que has tenido en tu vida, no la pierdas. He logrado cambiar mis creencias, mi forma de pensar y soy capaz de manifestar, toda la abundancia que quiero en mi vida. Yo quiero que tú también hagas esto, que seas un ALMA IMPARABLE y logres todo lo que quieras en la vida.

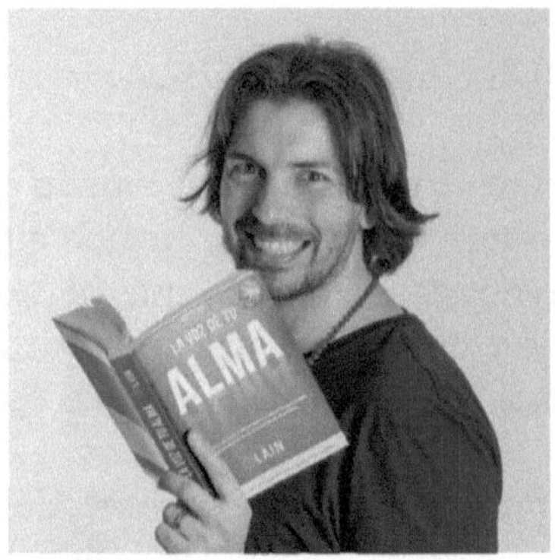

www.lavozdetualma.com

Te garantizo, que obtendrás todo lo que quieres, porque con la fe… TODO ES POSIBLE.
www.lavozdetualma.com

Lain es un gran mentor, todo lo que dice, te lo dice por tu bien. Él, mejor que nadie, sabe que todos tenemos barreras mentales y que debemos romperlas, para tener toda la abundancia que merecemos. Es nuestro derecho tener prosperidad, pero para eso, hay que tomar acción masiva. Yo he logrado asistir al INTENSIVO VUÉLVETE IMPARABLE; gracias a eso, ahora estoy cumpliendo con mi propósito de vida.

Lain, tú significas mucho para mí. Salvaste mi vida, no sé que sería de mí, si no hubieras llegado a mi vida. No sabes lo mucho que me has ayudado. Siempre me digo: "No le puedo quedar mal a Lain, debo hacer lo que él dice". Tú llegaste para salvarme, para hacer que yo tuviera una fe inamovible. Haces que yo llore de la felicidad, que todos los días cumpla con mi propósito de vida. Pasaste por momentos difíciles; y el hecho de saber tu historia, me hizo ver, que todo es posible en esta vida. He tenido que atravesar muchas tormentas, para poder descubrirte; créeme, ha sido lo mejor que me ha pasado. Tu voz me habla siempre, está ahí en las buenas y en las malas. Simplemente, me quedo sin palabras, no sé que decir; me quedo corto, al expresarte todo el gozo que siento.

TE AMO.

Vamos a vernos en las redes sociales

SÉ UN
EMPRENDEDOR
DE
ÉXITO
LA GUIA PARA TENER UNA MENTALIDAD MILLONARIA
AARÓN CASTRO